CHRISTIAN OFNER

Weihnachten MIT DEM BACKPROFI

Leopold Stocker Verlag
Graz – Stuttgart

Alle Fotos (wenn nicht direkt beim Foto anders vermerkt): Kurt Elmleitner – www.kurt-elmleitner.at
Anleitungsfotos (wenn nicht anders vermerkt): Christian Ofner

Der Inhalt dieses Buches wurde vom Autor und vom Verlag nach bestem Gewissen geprüft, eine Garantie kann jedoch nicht übernommen werden. Die juristische Haftung ist ausgeschlossen.

Auf Wunsch senden wir Ihnen gerne kostenlos unser Verlagsverzeichnis zu
Leopold Stocker Verlag GmbH
Hofgasse 5
Postfach 438
A-8011 Graz
Tel. +43 (0)316/821636
Fax. +43 (0)316/835612
E-Mail: stocker-verlag@stocker-verlag.com
www.stocker-verlag.com

BIBLIOGRAPHISCHE INFORMATION DER DEUTSCHEN NATIONALBIBLIOTHEK
Die Deutsche Nationalbibliothek verzeichnet diese Publikation in der Deutschen Nationalbibliographie; detaillierte bibliographische Daten sind im Internet über http://dnb.d-nb.de abrufbar.

Hinweis: Dieses Buch wurde auf chlorfrei gebleichtem Papier gedruckt. Die zum Schutz vor Verschmutzung verwendete Einschweißfolie ist aus Polyethylen chlor- und schwefelfrei hergestellt. Diese umweltfreundliche Folie verhält sich grundwasserneutral, ist voll recyclingfähig und verbrennt in Müllverbrennungsanlagen völlig ungiftig.

ISBN 978-3-7020-2046-0

Umschlaggestaltung, Satz und Repro: Werbeagentur Rypka GmbH, A-8143 Dobl, Unterberg 58–60, www.rypka.at

Inhalt

Inhalt

Vorwort

Liebe Leserinnen und Leser,

Sie halten ein Buch in den Händen, das in erster Linie meiner treuen Fan-Gemeinde zu verdanken ist: Immer wieder wurde ich gefragt, ob ich nicht endlich ein Buch mit Weihnachtsbäckereien machen würde.

Bis vor kurzem habe ich nicht gedacht, dass ich diesen Wunsch jemals erfüllen würde. Ich liebe die Advent- und Weihnachtszeit und backe für mein Leben gerne Kletzenbrot, verschiedenste Stollen, Hefegebäck zum Nikolaus- und Krampustag, eine Partybreze für Silvester oder Neujahrsgebäck.

Ich liebe auch Kekse – allerdings bevorzuge ich jene, die jemand anders gebacken hat! Teige, das Ausstechen und Backen sind nicht das Problem, ich habe auch viele, viele Rezepte meiner Lieblingskekse gesammelt und backe jedes Jahr die eine oder andere Sorte. Aber für den „Feinschliff" – das Zusammensetzen, Glasieren und Verzieren – fehlt mir die Geduld. Meine Kekse werden einfach nicht solch bewundernswerte kleine Kunstwerke, die andere auf wundersame Weise zustande bringen.

Ein Weihnachtsbackbuch ohne Kekse ist jedoch undenkbar! Deshalb habe ich mich mit zwei begnadeten Keksbäckerinnen zusammengetan: Heidi Stanglauer und Joana Gimbutyte haben mir bei der Umsetzung dieses überaus „süßen" Projekts geholfen. In meiner zur Weihnachtsbackstube umfunktionierten Backschule haben wir gemeinsam gewerkt und all die Köstlichkeiten, die Sie in diesem Buch finden, aus dem Ofen auf den Keksteller und vor die Kameralinse gezaubert! Darunter befinden sich allseits beliebte Klassiker, aber auch viele neue Gebäcksorten, mit denen Sie sich und Ihren Lieben die schönste Zeit des Jahres versüßen können.

Ich wünsche Ihnen viel Freude beim Schmökern in diesem Buch und hoffe, damit Ihre Vorfreude auf Weihnachten zu wecken.

Gutes Gelingen beim Nachbacken all meiner weihnachtlichen Lieblingsrezepte und eine wunderbar entspannte Vorbereitungs- und Vorweihnachtszeit!

Ihr Christian Ofner

Einleitung

Alle Jahre wieder

Sobald der Advent beginnt, liegt auch in meiner Backschule der Duft nach Weihnachten in der Luft! Nikolo und Krampus aus Hefeteig machen den Anfang. Danach mache ich mich an meine bewährten Stollen- und Kletzenbrot-Rezepte. Ich experimentiere und entwickle jedoch auch immer wieder neue Kreationen. Zu meinen vorweihnachtlichen Lieblingsgebäcken zählen Zimtschnecken und Bratapfel-Buchteln (Rezepte siehe S. 34 und S. 30), weil allein ihr Duft die Vorfreude auf Weihnachten weckt!

Familientradition

Gerade die Vorweihnachtszeit ist für mich, meine Frau Michaela und unser gesamtes Team die arbeitsreichste Zeit im Jahr. Deshalb freuen wir uns auf den Heiligen Abend und den Christtag, den wir zu zweit in aller Ruhe genießen. In der Familie meiner Frau war es üblich, am Heiligen Abend belegte Sandwiches zu essen, bei mir zu Hause gab es am 24. Dezember immer gebackenen Karpfen und Kartoffelsalat. Wir haben beide Familientraditionen kombiniert – deshalb gibt es am Heiligen Abend bei uns belegte Sandwiches (natürlich backe ich den Sandwichwecken selbst, das Rezept dazu finden Sie auf S. 36), und am Christtag gibt's gebackenen Karpfen.

Wenn während der verbleibenden Feiertage Familie oder Freunde zu Besuch kommen oder wir eingeladen sind, gibt es üblicherweise einen Festtagsschmaus. Vorspeise, Suppe und Hauptgericht variieren jedes Jahr. Das typisch weihnachtliche Schichtdessert, das Sie auf S. 38 in diesem Buch finden, ist mein Lieblingsdessert und bildet fast immer den krönenden Abschluss des Weihnachtsmenüs. Am Nachmittag darf auch eine festliche Weihnachtstorte nicht fehlen – eine befreundete Küchenmeisterin überrascht mich jedes Jahr mit einer neuen Kreation, wie z. B. mit der Torte in Kerzenform (siehe S. 40).

Auch den Silvester- und Neujahrstag verbringen wir eher ruhig und gemütlich allein oder mit Freunden und Familie. Da gibt es dann eine reichlich belegte Partybreze (Rezept auf S. 42)

und als Glücksbringer die Neujahrs-Schweinchen mit Nussfülle (siehe S. 44).

Und selbstverständlich bin ich auch ein großer Fan von Keksen, nicht erst zu Weihnachten, sondern am liebsten schon in der Adventzeit! Ich genieße es, mich an Wochenenden mit meiner Frau und Freunden gemütlich zusammenzusetzen und bei Punsch oder Glühwein die bereits gebackenen Kekse, Kletzenbrote und Stollen zu verkosten.

Meine absoluten Lieblingssorten sind Zimtsterne, Anisbögen, Rumkugeln, Vanillekipferln, Schokoladen-Orangen-Taler und Linzer Augen. Aber jedes Jahr freue ich mich über neue Kekssorten, die „meine persönlichen Kekslieferantinnen" für mich backen, um Abwechslung auf meinen Keksteller zu bringen.

Eine dieser Kekslieferantinnen ist Heidi Stanglauer, und die besagte Küchenmeisterin mit dem Faible für Torten und Desserts ist Joana Gimbutyte. Diese beiden Expertinnen haben mich bei der Realisierung meines Weihnachts-Backbuchs tatkräftigst unterstützt und den Großteil der Keksrezepte nachgebacken und kunstfertig verziert. Deshalb möchte ich Ihnen diese beiden Damen vorstellen:

Die „Kekspertin“

Heidi Stanglauer aus St. Marein bei Graz kenne ich von einem Brotbackkurs, den sie bei mir besucht hat. Nachhilfe beim Backen von Keksen braucht sie allerdings nicht – im Gegenteil: Sie ist eine Backkünstlerin, die gerne experimentiert, abwandelt und Neues ausprobiert und so ihre Lieben immer wieder mit noch nicht bekannten Köstlichkeiten überrascht. Für dieses Buch hat sie viele Rezepte aus ihrer Sammlung zur Verfügung gestellt. Ihre Liebe zum Detail und ihre große Erfahrung machen ihre Kekse in Miniaturformat zu optischen und geschmacklichen Meisterwerken!

Seit Jahren ist das Backen für Heidi Stanglauer ein fixer Bestandteil in der Vorweihnachtszeit. Dann werden Teige geknetet, Kekserln ausgestochen, gebacken und mit viel Liebe zum Detail verziert. Dabei hält sie sich ganz an ihren Leitspruch: „Das Auge isst mit!“ So entstehen zauberhafte Kekse, so wunderschön und zierlich wie aus der Puppenküche. Die Kekse sind dabei nicht nur ein Augenschmaus, sondern auch unwiderstehlich köstlich! Über die Jahre hat sie unzählige Rezepte ausprobiert, verfeinert und ihre Techniken perfektioniert. Dabei lebt sie ihre Kreativität voll aus.

Die Küchenmeisterin und begeisterte Konditorin

Joana Gimbutyte kenne ich durch die jahrelange Zusammenarbeit mit dem Stocker Verlag. Die gebürtige Litauerin entschloss sich nach ihrer musikalischen Ausbildung am Mozarteum Salzburg mit 21 Jahren zu einer Kochlehre. Seither ist sie mit Leib und Seele Köchin und Patissière, die mit viel Liebe zum Detail nicht nur pikante Gerichte, sondern auch atemberaubende Torten, Kekse, Petits Fours, Desserts & Co zaubert. Mit ihren jungen Jahren kann sie bereits auf eine beeindruckende Karriere zurückblicken, die sie ihrer akkuraten Arbeitsweise und ihrem Gespür für die „süßen Seiten des Lebens“ verdankt. So arbeitete sie als Sous Chefin und Patissière in zahlreichen namhaften Küchen in ganz Österreich, unter anderem im Steirereck am Pogusch.

Seit Ende 2018 ist sie als Küchenchefin für die Rezeptentwicklung der Kochzeitschrift „Koch- und Back-Journal“ verantwortlich und hat 2019 die Ausbildung zur Küchenmeisterin absolviert. Mittlerweile hat sie zwei Bücher veröffentlicht („Joghurt, Kefir, Sauermilch & Co selbst gemacht“ und „Corn Dogs. Trendiges Streetfood in 40 Varianten“).

An dieser Stelle möchte ich mich bei Heidi und Joana herzlich für ihre Mithilfe bei der Entstehung dieses Buches bedanken und mit einigen Schnappschüssen einen kleinen Einblick in unser vorweihnachtliches Back-Abenteuer gewähren:

Joana G.

Rezepte Teil 1

HEFEGEBÄCK, STOLLEN, KLETZENBROT … TIPPS VOM BACKPROFI

Damit die Aktivitäten in der vorweihnachtlichen Backstube nicht zur Nervenprobe werden, sollen hier ein paar grundlegende Informationen vorangestellt werden, bevor es mit den Rezepten losgeht. Beste Zutaten garantieren, dass Ihre Backwerke perfekt schmecken. Ich verwende am liebsten Bio-Produkte. Als erstes geht es um eine der „Hauptzutaten", nämlich das Mehl:

Mehle

Bei den Stollen- und Kletzenbrotrezepten und auch bei den Gebäcken aus Hefeteig ist immer genau angegeben, welche Mehltype ich verwende. Bei den übrigen Rezepten ist mit Mehl immer handelsübliches, glattes (also besonders fein vermahlenes) weißes Weizenmehl der Type W480 bzw. W700 gemeint, wenn nicht anders angegeben. Weil die Mehltypen-Bezeichnungen in Deutschland und Österreich unterschiedlich sind, hier eine Tabelle für die jeweiligen Mehltypen:

Foto © freepik

Bei Glutenunverträglichkeit kann Weizenmehl durch glutenfreie Mehlmischungen ersetzt werden (z. B. 55 g Buchweizenmehl, 55 g Reismehl und 40 g Kartoffelstärke statt 150 g Weizenmehl).

	Österreich	Deutschland	Eigenschaften
Weizenmehl	Type W480	Type 405	bevorzugtes Haushaltsmehl, gute Backeigenschaften
	Type W700	Type 550	Mehl mit höchster Klebereigenschaft, für feinporige Teige, als Vielzweckmehl verwendbar
Dinkelmehl	Type 700	Type 630	kann problemlos anstatt Weizenmehl verwendet werden (entspricht Type W700 bzw. 550)
Roggenmehl	Type R960	Type 997	für Lebkuchen- oder Kletzenbrot und Brotteige

Hefe bzw. Sauerteig

Ich bevorzuge für die Zubereitung von Hefeteigen frische Hefe, Sie können diese jedoch auch gerne durch Trockenhefe ersetzen (1 P. Trockenhefe = 7 g entspricht ½ Würfel frischer Hefe = 21 g). Ich bereite meine Hefeteige meist in direkter Teigführung zu (alle Zutaten werden zusammen verknetet, die Hefe wird lediglich zerbröselt).

Für Kletzenbrot können Sie der Einfachheit halber Trockensauerteig verwenden, zusätzlich habe ich jedoch auch die Rezept-Variante mit frischem Natursauerteig aufgenommen. Für mein Apfelbrot verwende ich Backpulver.

Kneten

Ich knete alle Teige in der Küchenmaschine – bei den Rezepten ist jeweils genau angegeben, wie lange bei welcher Geschwindigkeitsstufe geknetet werden soll. Wenn Sie keine Küchenmaschine haben, tut es auch ein leistungsstarker Handmixer mit Knethaken, und natürlich können Sie die Teige auch händisch verkneten. Die Knetzeit sollte aber in jedem Fall eingehalten werden, um ein optimales Ergebnis zu erzielen.

Teigkonsistenz

Meine Teige sind eher weich gehalten, das gilt für Hefeteige ebenso wie für die Kletzenbrotteige, die vor allem durch die beigegebenen Früchte besonders saftig sind. Je weicher die Teige geführt werden, umso besser kann das Gebäck aufgehen und dementsprechend locker wird es.

Teigruhe & Gehzeit

Auch die Teigruhe ist bei den Hefeteiggebäcken, Stollen und Kletzenbroten genau angegeben, ebenso, wie lange das Gebäck nach dem Formen gehen soll – am besten funktioniert das bei Zimmertemperatur. Wenn es im Raum zu kühl sein sollte, heizen Sie den Backofen auf 40 °C vor und lassen das Gebäck im Ofen gehen.

Formen

Das Formen der einzelnen Gebäckstücke ist in den Rezepten Schritt für Schritt genau erklärt und wird teilweise anhand von Anleitungsfotos gezeigt.

Backtemperatur & Backzeit

Der Backofen wird immer vorgeheizt, die Backtemperatur ist bei jedem Rezept angegeben. Allerdings sollten Sie beim ersten Mal Nachbacken bedenken, dass jeder Ofen anders bäckt – die angegebenen Temperaturen und Backzeiten sind meine persönlichen Erfahrungen. Beobachten Sie also beim ersten Mal ihr Gebäck – wenn es zu schnell bräunt, reduzieren Sie die Temperatur um ca. 10 °C oder nehmen Sie das Gebäck – wenn es gar ist – früher als angegeben aus dem Backofen. Wenn es noch nicht durch ist, decken Sie die Oberfläche mit Alufolie ab und backen es fertig.

Wenn das Gebäck nach der angegebenen Backzeit noch recht hell erscheint, können Sie es noch ein bisschen länger im Ofen lassen. Machen Sie sich Notizen, damit Sie beim nächsten Mal Nachbacken die Temperatur gleich von Anfang an dementsprechend einstellen können.

Heißluft bzw. Umluft oder Ober-/Unterhitze

Bei den Rezepten ist immer angegeben, ob mit Ober-/Unterhitze oder Heißluft bzw. Umluft gebacken wird. Bei Ober- und Unterhitze kommt die Wärme von oben und von unten. Heißluft bzw. Umluft bedeutet, dass die Wärme durch einen Ventilator gleichmäßig im Backofen verteilt wird. Diese Methode ist vor allem zu empfehlen, wenn man – wie bei Keksen oft üblich – zwei Backbleche auf einmal in den Ofen gibt.

Backen mit Dampf

Viele meiner Rezepte werden mit Dampf gebacken. Bitte stellen Sie daher bei den Rezepten, bei denen „mit Dampf backen" angegeben ist, schon beim Vorheizen des Ofens ein hitzebeständiges Gefäß ohne Wasser in den Ofen. Füllen Sie das Gefäß, bevor das Gebäck in den Ofen kommt, mit Eiswürfeln oder kaltem Wasser.

Foto © freepik

Gebäckstücke, die vor dem Backen mit Ei bestrichen werden, werden immer ohne Dampf gebacken. Dadurch entsteht ein schöner Glanz bzw. eine goldgelbe Farbe beim Backen.

SO GELINGT IHR WEIHNACHTSGEBÄCK

Zeit und Geduld

Der wichtigste Grundsatz lautet: Nehmen Sie sich Zeit zum Backen Ihres Weihnachtsgebäcks – ob das nun ein Hefegebäck, ein Kletzenbrot oder Kekse sind. Das beginnt mit dem genauen Lesen der Rezepte, um so einfachen Fehlern wie dem Durcheinanderbringen von Arbeitsschritten vorzubeugen. Überprüfen Sie schon vor Backbeginn, ob Sie auch alle Zutaten und notwendigen Gerätschaften haben. Seien Sie genau beim Abwiegen der Zutaten, besonders wenn Sie erst in der Weihnachtsbackstube Fuß fassen müssen und noch kein Gefühl für die Mengen haben. Backen Sie „auf Sicht", wenn Sie Ihren Ofen noch nicht so gut kennen bzw. wenn Sie ein Rezept das erste Mal ausprobieren.

Anfänger, an den Herd!

Übrigens – keine Scheu, auch wenn Sie noch nie einen Stollen, ein Kletzenbrot oder Kekse gebacken haben! Wagen Sie es, denn wenn Sie die allgemeinen Informationen vor den beiden Rezeptteilen (ab S. 12 bzw. 46) gut durchlesen, kann eigentlich nichts passieren! Mit den vielen Tipps und Tricks von mir und den „Kekspertinnen" Heidi und Joana können selbst Neulinge alles nachbacken. Die Freude über das Erstlingsbackwerk auf dem adventlichen Mehlspeisenteller ist unvergleichlich, auch wenn Ihr erster Krampus aus Hefeteig vielleicht ein bisschen „aus der Form geraten ist" oder wenn Ihre Kekse nicht ganz so perfekt aussehen wie auf den Fotos im Buch.

Vergessen Sie nicht, der Backprofi und die beiden Keksbäckerinnen verfügen über jahrelange Erfahrung! Deshalb auch ein Rat an Sie: Seien Sie nicht enttäuscht, wenn Ihre Backwerke nicht sofort so makellos gelingen, wie Sie es sich vorstellen. Geben Sie nicht auf, auch wenn mal etwas nicht ganz nach Plan läuft. Selbst Profis kann einmal ein Missgeschick passieren. Und nur Übung macht den Meister!

Hefeteig-Krampus

Zutaten für 8 Stück

190 g Milch
90 g Butter
500 g Weizenmehl
(Type 480 Universal)
7 g Salz
90 g Feinkristallzucker
2 Eidotter (Eigelb)
42 g frische Hefe (1 Würfel)

1 Ei zum Bestreichen
Hagelzucker
Rosinen für die Augen
8 kleine Ästchen als Rute

Knetzeit: 3 Minuten langsam, 9 Minuten intensiver, gesamt 12 Minuten

Teigruhe nach dem Kneten: 20 Minuten + 15 Minuten Zwischengare

Teiggewicht pro Stück: ca. 120 g

Gehzeit nach dem Aufarbeiten: ca. 30–45 Minuten

Backen: ohne Dampf

Backzeit: ca. 15–18 Minuten bei 190 °C Ober- und Unterhitze

Zubereitung

- Milch und Butter gemeinsam auf ca. 36–38 °C erwärmen, alle Teigzutaten genau einwiegen und den Teig wie angegeben kneten, danach 20 Minuten zugedeckt rasten lassen.
- Den Teig auf eine leicht bemehlte Arbeitsfläche geben und Teigstücke zu je 120 g auswiegen.
- Teigstücke rund formen (schleifen, Bild 1), mit einem Geschirrtuch abdecken und nochmals ca. 15 Minuten bei Raumtemperatur gehen lassen.
- Teigkugeln mit der Hand etwas flach drücken, einmal von oben und einmal von unten in die Mitte einschlagen und zu einer Rolle formen (ca. 4 cm Ø, etwa 15 cm lang), diese Rolle auf einer Seite etwas zuspitzen (Bild 2) und leicht flach drücken, mit dem Handrücken den „Hals" markieren (Bilder 3 und 4).
- Mit einer Teigkarte die Hörner, Füße und Hände einschneiden (Bilder 5 und 6).
- Die fertig geformten Teigstücke nun auf ein mit Backpapier ausgelegtes Backblech legen, leicht mit Wasser befeuchten und zugedeckt 30–45 Minuten bei Raumtemperatur gehen lassen.
- Den Backofen auf 190 °C Ober-/Unterhitze vorheizen, das Ei verquirlen und die Krampusse vor dem Backen gleichmäßig damit bestreichen (Bild 7).
- Die Rosinen als Augen in den Krampuskopf tief hineinstecken, mit einer Schere den Mund einschneiden (Bild 8) und etwas Hagelzucker auf den Bauch streuen.
- Das Blech in den vorgeheizten Backofen schieben und, sofern möglich, bei leicht geöffneter Backofentür ohne Dampf backen (einen Holzkochlöffel dazwischen festklemmen).
- Nach dem Backen auf einem Küchenrost auskühlen lassen und je ein Ästchen als Rute in den Krampus hineinstecken.

Steirisches Kletzenbrot

MIT HEFE UND TROCKENSAUERTEIG

Zutaten für 2 Brote

FRÜCHTEANSATZ

(Stehzeit mind. 12–24 h)
150 g Kletzen (gedörrte Birnen)
75 g Feigen (halbiert)
125 g entkernte Pflaumen (ganz)
70 g Rosinen
50 g Mandeln
70 g Haselnüsse (ganz)
65 g Zucker
5 g Zimt
25 g Rum

HAUPTTEIG

190 g Wasser (34–36 °C)
200 g Roggenmehl Type 960
50 g Weizenmehl Type 1600
21 g frische Hefe (½ Würfel)
5 g Salz
16 g Backprofis Bio-Roggen-vollkornsauerteig
5 g Speiseöl

Mandeln und kandierte Kirschen zum Verzieren

Knetzeit: 5 Minuten langsam, 4 Minuten intensiver, 2 Minuten Früchte unterheben, gesamt 11 Minuten

Teigruhe nach dem Kneten: 30 Minuten

Gehzeit vor dem Backen: ca. 30–45 Minuten (Raumtemperatur)

Backen: mit Dampf

Backzeit: ca. 30–35 Minuten bei 220 °C Heißluft fallend auf 175 °C

Zubereitung

- Die Kletzen in reichlich Wasser weich kochen, danach abseihen und in grobe Stücke schneiden, mit den übrigen Zutaten für den Früchteansatz vermengen und mindestens 12–24 Stunden zugedeckt bei Raumtemperatur ziehen lassen (Bild 1).
- Die Zutaten für den Hauptteig genau einwiegen und wie angegeben kneten (Bild 2, der Teig ist sehr weich!).
- Am Ende des Knetvorganges die Früchte langsam unterheben (Bilder 3 und 4), danach mit Roggenmehl gut bemehlen, mit einem Geschirrtuch abdecken und bei Raumtemperatur 30 Minuten rasten lassen.
- Den Teig auf eine stark bemehlte Arbeitsfläche geben und zwei runde oder längliche Gärkörbe (für jeweils ca. 550 g Füllmenge) mit Roggenmehl gut bestauben.
- Den Teig halbieren, rund formen (wirken), zu Wecken oder Laiben formen und mit dem Schluss nach oben in die Gärkörbe legen.
- Die Brote mit einem Geschirrtuch abdecken und bei Raumtemperatur ca. 30–45 Minuten gehen lassen.
- Den Backofen auf 220 °C Heißluft vorheizen und ein feuerfestes Gefäß in den Backofen stellen, die Kletzenbrote vor dem Backen auf ein Backblech stürzen.
- Das Mehl an der Oberfläche etwas abkehren und das Brot mit Mandeln und kandierten Kirschen verzieren (Bild 5).
- Mit Wasser kräftig besprühen und mit einer Nadel mehrere Löcher bis zum Boden in die Brote einstechen, in den vorgeheizten Backofen schieben (mittlere Schiene).
- Sobald die Brote im Backofen sind, die Hitze auf ca. 175 °C Heißluft reduzieren, mit Dampf backen, dazu kaltes Wasser oder Eiswürfel in das feuerfeste Gefäß geben und das Gefäß nach 10 Minunten aus dem Backofen nehmen.
- Nach dem Backen ganz leicht mit Wasser bestreichen oder besprühen und auf einem Küchenrost gut auskühlen lassen (Bild 6).

STEIRISCHES KLETZENBROT MIT HEFE UND TROCKENSAUERTEIG

STEIRISCHES KLETZENBROT MIT NATURSAUERTEIG

(Rezept siehe nächste Seite)

Steirisches Kletzenbrot

MIT NATURSAUERTEIG

Zutaten für 2 Brote

FRÜCHTEANSATZ
(Stehzeit mind. 12–24 h)
150 g Kletzen (gedörrte Birnen)
75 g Feigen (halbiert)
125 g Pflaumen (ganz)
70 g Rosinen
50 g Mandeln
70 g Haselnüsse (ganz)
5 g Zimt
25 g Rum
65 g Zucker

SAUERTEIG-ANSATZ
5 g Anstellgut (Sauerteig-Ansatz aus dem Kühlschrank)
50 g Wasser (35–40 °C)
50 g Roggenmehl Type 960
ergibt 105 g Natursauerteig

ZUTATEN HAUPTTEIG
200 g Wasser (40 °C)
5 g frische Hefe
105 g Natursauerteig
220 g Roggenmehl Type 960
60 g Weizenbrotmehl Type 1600
8 g Salz
6 g Speiseöl

Mandeln und kandierte Kirschen zum Verzieren

Knetzeit: 5 Minuten langsam, 4 Minuten intensiver, 2 Minuten Früchte unterheben, gesamt 11 Minuten

Teigruhe nach dem Kneten: 30 Minuten

Gehzeit vor dem Backen: ca. 60–90 Minuten (Raumtemperatur)

Backen: mit Dampf

Backzeit: ca. 30–35 Minuten bei 220 °C Heißluft fallend auf 175 °C

Zubereitung

- Für den Früchteansatz die Kletzen in reichlich Wasser weich kochen, danach abseihen und in grobe Stücke schneiden, mit den übrigen Zutaten für den Früchteansatz vermengen und mindestens 12–24 Stunden zugedeckt bei Raumtemperatur ziehen lassen.
- Für den Sauerteig-Ansatz das Anstellgut aus dem Kühlschrank nehmen, mit Wasser und Mehl vermischen und ca. 16–18 Stunden bei Raumtemperatur reifen lassen (Bild 1 – Anleitungsfotos siehe vorige Seite).
- Für den Hauptteig Wasser, Hefe und Natursauerteig mit dem Schneebesen verrühren, die übrigen Zutaten hinzufügen und wie angegeben kneten (der Teig ist sehr weich!), am Ende des Knetvorganges die Früchte langsam unterheben.
- Den Teig nach dem Kneten mit Roggenmehl gut bemehlen (Bild 2), mit einem Geschirrtuch abdecken und bei Raumtemperatur 30 Minuten rasten lassen.
- Den Teig auf eine stark bemehlte Arbeitsfläche geben und runde oder längliche zwei Gärkörbe (für jeweils ca. 550 g Füllmenge) mit Roggenmehl gut bestauben.
- Den Teig für das Kletzenbrot halbieren, kurz rund formen (wirken), dann zu Wecken oder Laiben formen und mit dem Schluss nach oben in die Gärkörbe legen (Bild 3).
- Die Brote mit einem Geschirrtuch abdecken und bei Raumtemperatur ca. 60–90 Minuten gehen lassen.
- Den Backofen auf 220 °C Heißluft vorheizen und ein feuerfestes Gefäß in den Backofen stellen, die Kletzenbrote vor dem Backen auf ein Backblech stürzen.
- Das Mehl an der Oberfläche etwas abkehren und das Brot mit Mandeln und kandierten Kirschen verzieren, mit Wasser kräftig besprühen und mit einer Nadel einige Löcher bis zum Boden in die Brote einstechen.
- Das Backblech in den vorgeheizten Backofen schieben (mittlere Schiene), sobald die Brote im Backofen sind, die Hitze auf ca. 175 °C Heißluft reduzieren.
- Mit Dampf backen, dazu kaltes Wasser oder Eiswürfel in das feuerfeste Gefäß geben und das Gefäß nach 10 Minuten aus dem Backofen nehmen.
- Nach dem Backen ganz leicht mit Wasser bestreichen oder besprühen und auf einem Küchenrost gut auskühlen lassen.

BACKPROFIS

Weihnachtsstollen

Zutaten für 1 Stollen

FRÜCHTEANSATZ

100 g Aranzini
100 g Zitronat
100 g Walnüsse (fein gehackt)
150 g Rosinen ✦ 100 g Mandeln
3 g Zimt ✦ 20 g Rum

HAUPTTEIG

280 g Milch
75 g Butter
21 g frische Hefe (½ Würfel)
500 g Weizenmehl
(Type 480 Universal)
7 g Salz
65 g Feinkristallzucker
Abrieb einer ganzen Bio-Zitrone

50 g Butter zum Bestreichen
250 g Staubzucker zum Wälzen

Knetzeit: 3 Minuten langsam, 9 Minuten intensiver, 2 Minuten Früchte unterheben, gesamt 14 Minuten

Teigruhe nach dem Kneten: 30 Minuten

Gehzeit vor dem Backen: ca. 45 Minuten

Backen: mit Dampf

Backzeit: ca. 50 Minuten bei 160 °C Heißluft

Zubereitung

- Alle Zutaten für den Früchteansatz einwiegen, alles gut durchmischen und zugedeckt mindestens 12–24 Stunden bei Raumtemperatur ziehen lassen (Bild 1).
- Milch und Butter gemeinsam auf ca. 36–38 °C erwärmen, alle Zutaten für den Hauptteig genau einwiegen und wie angegeben kneten, am Ende des Knetvorganges die Früchte langsam unterheben (Bild 2).
- Den Teig gleich nach dem Kneten aus der Küchenmaschine auf eine bemehlte Arbeitsfläche geben, rund formen (Bild 3), mit einem Geschirrtuch abdecken und bei Raumtemperatur 30 Minuten rasten lassen.
- Den Teig nun leicht rechteckig ausrollen, mit Hilfe von einem großen Nudelholz zwei Vertiefungen in den Teig hineindrücken (Bild 4).
- Den Teig nun von unten nach oben einschlagen (Bild 5), dann von oben nach unten einschlagen, sodass die typische Stollenform entsteht.
- Den Stollen mit dem Schluss nach unten auf ein mit Backpapier ausgelegtes Backblech legen (Bild 6), leicht mit Wasser befeuchten, mit einem Geschirrtuch abdecken und bei Raumtemperatur ca. 45 Minuten gehen lassen.
- Den Backofen auf 160 °C Heißluft vorheizen und ein feuerfestes Gefäß in den Backofen stellen.
- Vor dem Backen den Stollen nochmals leicht mit Wasser besprühen und das Backblech in den Backofen geben (mittlere Schiene), mit Dampf backen, dazu kaltes Wasser oder Eiswürfel in das feuerfeste Gefäß geben und das Gefäß während der gesamten Backzeit im Ofen lassen.
- Nach dem Backen die verbrannten Rosinen an der Oberfläche des Stollens entfernen.
- Den Stollen noch im warmen Zustand mit flüssiger Butter von allen Seiten bestreichen (Bild 7) und mit reichlich Staubzucker bestreuen (Bild 8).

Das Bestreichen des Stollens mit flüssiger Butter nach dem Backen sowie das Bestreuen mit reichlich Staubzucker (bzw. kann der Stollen auch im Zucker gewälzt werden) hält den Stollen lange saftig.

Marzipanstollen

MIT CRANBERRIES UND MARILLEN

Zutaten für 1 Stollen

FRÜCHTEANSATZ

100 g Cranberries
100 g Marillen (getrocknet und halbiert)
125 g Rosinen
100 g Mandeln
3 g Zimt ✦ 15 g Rum

HAUPTTEIG

280 g Milch
75 g Butter
21 g frische Hefe (½ Würfel)
500 g Weizenmehl (Type 480 Universal)
7 g Salz ✦ 65 g Zucker
400 g Marzipan-Rohmasse

50 g Butter zum Bestreichen
250 g Staubzucker zum Bestreuen

Knetzeit: 3 Minuten langsam, 7 Minuten intensiver, 2 Minuten Früchte unterheben, gesamt 12 Minuten

Teigruhe nach dem Kneten: 30 Minuten

Gehzeit vor dem Backen: ca. 45 Minuten

Backen: mit Dampf

Backzeit: ca. 50 Minuten bei 160 °C Heißluft

Zubereitung

✦ Für den Früchteansatz alle Zutaten einwiegen, gut durchmischen und zugedeckt mindestens 12–24 Stunden bei Raumtemperatur ziehen lassen.

✦ Milch und Butter gemeinsam auf ca. 36–38 °C erwärmen, alle Zutaten für den Hauptteig genau einwiegen und wie angegeben kneten, am Ende des Knetvorganges die Früchte langsam unterheben (Bild 1).

✦ Den Teig gleich nach dem Kneten aus der Küchenmaschine auf eine bemehlte Arbeitsfläche geben, rund formen (Bild 2), mit einem Geschirrtuch abdecken und bei Raumtemperatur 30 Minuten rasten lassen.

✦ Den Teig nun leicht rechteckig ausrollen, mit Hilfe von einem großen Nudelholz zwei Vertiefungen in den Teig hineindrücken (Bild 3).

✦ Das Rohmarzipan mit den Händen zu zwei gleich langen Rollen formen und in die Vertiefungen des Teiges legen (Bild 4).

✦ Den Teig nun von von beiden Seiten über die Marzipanrollen schlagen, sodass die typische Stollenform entsteht (Bild 5).

✦ Den Stollen mit dem Schluss nach unten auf ein mit Backpapier ausgelegtes Backblech legen (Bild 6), leicht mit Wasser befeuchten, mit einem Geschirrtuch abdecken und bei Raumtemperatur ca. 45 Minuten gehen lassen.

✦ Den Backofen auf 160 °C Heißluft vorheizen und ein feuerfestes Gefäß in den Backofen stellen.

✦ Vor dem Backen den Stollen nochmals leicht mit Wasser besprühen und das Backblech in den Backofen geben (mittlere Schiene), mit Dampf backen, dazu kaltes Wasser oder Eiswürfel in das feuerfeste Gefäß geben und das Gefäß während der gesamten Backzeit im Ofen lassen.

✦ Nach dem Backen die verbrannten Rosinen an der Oberfläche des Stollens entfernen.

✦ Den Stollen noch im warmen Zustand mit flüssiger Butter von allen Seiten bestreichen mit reichlich Staubzucker bestreuen bzw. im Staubzucker wälzen.

BACKPROFIS

Topfenstollen

Zutaten für 1 Stollen

TEIG

350 g Weizenmehl
(Type 480 Universal)
4 g Salz
70 g Zucker
75 g Butter (handwarm)
2 Eidotter (Eigelb)
125 g Topfen (Quark, 20 % F. i. Tr.)
8 g Vanillezucker
4 g Zitronensaft
30 g frische Hefe
50 g Wasser (40 °C)
100 g Rum-Rosinen
(am Vortag ansetzen mit 50 g Rum)

20 g Butter für die Kastenform
1 Ei zum Bestreichen

50 g Hagelzucker zum Bestreuen

Knetzeit: 3 Minuten langsam, 7 Minuten intensiver, 1 Minute Rosinen langsam unterheben, gesamt 11 Minuten

Teigruhe nach dem Kneten: 30 Minuten bei Raumtemperatur

Gehzeit vor dem Backen: ca. 45 Minuten

Backen: ohne Dampf

Backzeit: ca.45–50 Minuten bei 160 °C Heißluft

Zubereitung

- Alle Teigzutaten genau einwiegen und den Teig wie angegeben kneten, am Ende des Knetvorgangs die Rum-Rosinen leicht unterheben (Bild 1).
- Den Teig nach dem Kneten auf eine leicht bemehlte Arbeitsfläche geben, rund formen (Bild 2), mit einem Geschirrtuch abdecken und bei Raumtemperatur 30 Minuten rasten lassen, eine Kastenbackform (für ca. 1000 g Füllmenge) mit weicher Butter gut befetten.
- Nach der Teigruhe den Teig einmal von oben und einmal von unten einschlagen (Bild 3), zu einem Wecken formen und mit dem Schluss nach unten in die befettete Kastenbackform geben (Bild 4).
- Den Stollen leicht mit Wasser befeuchten, abdecken und bei Raumtemperatur etwa 45 Minuten aufgehen lassen.
- Zwischendurch immer wieder ganz leicht mit Wasser befeuchten, sodass die Oberfläche nicht austrocknet.
- Den Backofen auf 160 °C Heißluft oder 180 °C Ober-/Unterhitze vorheizen.
- Den Topfenstollen vor dem Backen gleichmäßig mit verquirltem Ei bestreichen und mit Hagelzucker bestreuen.
- Einen Rost in den Backofen geben (mittlere Schiene), die Kastenform daraufstellen und, sofern möglich, den Stollen bei leicht geöffneter Backofentür backen.
- Nach dem Backen sofort aus der Form stürzen und auf einem Rost auskühlen lassen.

BACKPROFIS

Apfelbrot

Zutaten für 4–5 Brote

FRÜCHTEANSATZ

750 g Äpfel
250 g Feigen (halbiert)
125 g Pflaumen (ganz oder halbiert)
250 g Rosinen
200 g Walnüsse
100 g Rum
10 g Zimt
3 g Nelkenpulver
250 g Zucker

HAUPTTEIG

500 g Weizenmehl Type 480
7 g Salz
1 P. Weinsteinbackpulver

Belegkirschen (kandierte Kirschen) zum Verzieren

Knetzeit: nur 1 Minute mischen

Teigruhe nach dem Kneten: keine

Gehzeit vor dem Backen: keine

Backen: ohne Dampf

Backzeit: ca. 50 Minuten bei 170 °C Heißluft oder 190 °C Ober-/Unterhitze

Zubereitung

- Äpfel waschen und mit der Schale reiben, mit den restlichen Zutaten für den Früchteansatz gut vermischen und mindestens 12–24 Stunden zugedeckt kühl (im Außenbereich oder Kühlschrank) rasten lassen (Bild 1).
- Mehl, Salz und Backpulver mischen und zum Früchteansatz geben. Da die Teigmasse recht groß ist, vermische ich alle Zutaten von Hand. Hierfür verwende ich eine kleine Wanne (Bild 2). Das Durchmischen sollte nicht länger als ca. 1–2 Minuten dauern.
- Den Backofen auf 170 °C Heißluft oder 190 °C Ober-/Unterhitze vorheizen, Teigstücke zu je ca. 500 g auswiegen, mit nassen bzw. feuchten Händen locker rund formen, anschließend zu kleinen Wecken formen, diese kräftig in Roggenmehl wälzen und auf ein mit Backpapier ausgelegtes Backblech legen (Bild 3) und Belegkirschen in die Brote hineindrücken (Bild 4).
- Das Apfelbrot in den Backofen schieben und ca. 50 Minuten ohne Dampf backen.
- Nach dem Backen gut auskühlen lassen und am besten in Frischhaltefolie gewickelt im Kühlschrank oder in einem kühlen Raum lagern.

Auf dieses großartige Brot freue ich mich jedes Jahr ganz besonders. Es ist super saftig, leicht in der Herstellung, und eignet sich als Geschenk für gute Freunde. Ich verwende für das Apfelbrot gerne säuerliche Äpfel. Die Kombination von sauer, süß und den herrlichen Gewürzen ergibt einen harmonischen Geschmack.

Buchteln mit Bratapfelfülle

Zutaten für 18 Stück

TEIG
180 g Milch
80 g Butter
500 g Weizenmehl
(Type 480 Universal)
7 g Salz
80 g Feinkristallzucker
3 Eidotter (Eigelb)
20 g Rum
1 Würfel frische Hefe

BRATAPFELFÜLLE
2–3 Äpfel mit Schale (in kleine Würfel geschnitten)
80 g Walnüsse (gehackt)
Saft einer ganzen Zitrone
4 g Zimt
60 g Honig
2 g Nelkenpulver

ca. 50 g Butter für die Back- oder Auflaufform
1 Ei zum Bestreichen
1 Handvoll gehobelte Mandeln zum Bestreuen

Knetzeit: 3 Minuten langsam, 9 Minuten intensiver, gesamt 12 Minuten

Teigruhe nach dem Kneten: 20 Minuten + 10 Minuten Zwischengare

Teiggewicht pro Stück: ca. 50 g

Gehzeit vor dem Backen: ca. 45 Minuten

Backen: ohne Dampf

Backzeit: ca. 30 Minuten bei 170 °C Heißluft

Zubereitung

- Milch und Butter gemeinsam auf ca. 38 °C erwärmen, die restlichen Zutaten genau einwiegen und den Teig wie angegeben kneten, den Teig nach dem Kneten 20 Minuten zugedeckt rasten lassen.
- Die Zutaten für die Bratapfelfülle gut vermischen (Bild 1).
- Teigstücke zu je ca. 50 g auswiegen, diese rund schleifen und nochmals ca. 10 Minuten zugedeckt rasten lassen, in der Zwischenzeit eine Auflaufform (33 x 20 cm) mit reichlich flüssiger Butter bestreichen (Bild 2).
- Mit den Fingern die Teiglinge leicht auseinanderdrücken und mit jeweils einem Esslöffel Bratapfelfülle befüllen (Bild 3).
- Die Teiglinge gut verschließen (Bild 4) und mit der Naht nach unten in die Back- oder Auflaufform geben (Bild 5), leicht mit Wasser besprühen, mit einem Geschirrtuch abdecken und etwa 45 Minuten aufgehen lassen, bis sich das Volumen fast verdoppelt hat.
- Vor dem Backen die Buchteln mit verquirltem Ei bestreichen (Bild 6), mit gehobelten Mandelblättchen bestreuen.
- Einen Rost in den Backofen geben (auf der mittleren Schiene), die Auflaufform daraufstellen, die Buchteln ohne Dampf ca. 30 Minuten backen.

Bratäpfel
MIT NÜSSEN UND MARZIPAN

Zutaten für 4 Portionen
4 säuerliche Äpfel (z. B. Boskoop)

FÜLLE
60 g Walnüsse
80 g Marzipan-Rohmasse
50 g Butter ✦ 1 TL Zimt (gemahlen)
eventuell 2 EL Zucker

ca. 160 ml Apfelsaft

4 EL Honig zum Beträufeln

Michaela und ich lieben nicht nur die Buchteln mit Bratapfelfülle, sondern bereiten in der Adventzeit auch gerne Bratäpfel zu. Das erinnert an gemütliche Winternachmittage in der Kindheit! Meine Lieblingsfülle sind Nüsse und Mandeln, gemischt mit Marzipan. Aber je nach Lust und Laune füllen wir unsere Bratäpfel mit anderen Köstlichkeiten:

Zubereitung

✦ Die Äpfel waschen und auf der Stielseite etwa 3 cm dicke Deckel abschneiden und beiseitegeben. Mit einem Kerngehäuse-Ausstecher das Kerngehäuse entfernen, sodass die Öffnung mindestens 2 cm Ø hat, die Äpfel in eine Auflaufform geben.

✦ Für die Fülle die Walnüsse grob hacken und kurz in einer Pfanne ohne Fett rösten, danach abkühlen lassen. Die Marzipan-Rohmasse grob reiben und mit der weichen Butter, dem Zimt und falls gewünscht dem Zucker gut verrühren, die gerösteten Walnüsse dazugeben und untermischen.

✦ Diese Mischung in den Apfelöffnungen verteilen (am besten mit einem Mokkalöffel einfüllen und gut festdrücken).

✦ Den Apfelsaft über die Äpfel gießen, die Auflaufform mit den Äpfeln auf einem Rost in den auf 180 °C Ober- und Unterhitze vorgeheizten Backofen schieben (mittlere Schiene) und etwa 15 Minuten braten, dann aus dem Ofen nehmen und die Apfeldeckel mit dem Stiel auf die Äpfel setzen, wieder in den Ofen geben und weitere 20–25 Minuten braten.

✦ Die fertigen Äpfel aus dem Ofen nehmen, anrichten und mit je 1 EL Honig beträufeln.

Bratäpfel
MIT KEKSRESTEN GEFÜLLT

Zutaten für 4 Portionen
4 säuerliche Äpfel (z. B. Cox Orange)

FÜLLE
50 g Keksreste ✦ 2 TL Rosinen
2 EL Rum (oder Orangensaft)
4 TL Johannisbeermarmelade
1 Prise Zimt
4 kleine Stücke Milchschokolade

Zubereitung

✦ Die Äpfel waschen, das Kerngehäuse großzügig ausstechen.

✦ Für die Fülle die Kekse zerbröseln und in eine Schüssel geben. Rosinen etwa 10 Minuten im Rum einweichen.

✦ Die Rumrosinen, die Marmelade und Zimt zu den Keksbröseln geben, alles vermischen und je 1 TL dieser Mischung in die Apfelöffnungen füllen, dann je ein Stück Schokolade hineinstecken, mit dem Rest der Keksmasse auffüllen.

✦ Die Äpfel in eine Auflaufform setzen und im auf 180 °C Ober- und Unterhitze vorgeheizten Backofen auf einem Rost (mittlere Schiene) etwa 30–35 Minuten braten.

Weitere Varianten für die Fülle sind Preiselbeermarmelade mit grob gehackten Haselnüssen oder gehobelten Mandeln, klein geschnittene Trockenfrüchte mit Orangensaft oder Ananaswürfel aus der Dose mit Kokosraspeln und Biskuitbröseln.

Zucker-Zimt-Schnecken

MIT ZITRONENGLASUR

Zutaten für 8 Stück

TEIG
170 g Milch
40 g Butter
330 g Weizenmehl Type 480
Universal ✦ 5 g Salz
2 g Gerstenmalzmehl
50 g Feinkristallzucker
18 g frische Hefe

FÜLLE
ca. 50 g Butter (flüssig)
ca. 200 g Feinkristallzucker
ca. 10 g Zimt

etwas Butter für die Backform

GLASUR
1 EL Zitronensaft ✦ 120 g Staubzucker
1 TL warmes Wasser

Knetzeit: 3 Minuten langsam, 7 Minuten intensiver, gesamt 10 Minuten

Teigruhe nach dem Kneten: 30 Minuten

Gehzeit vor dem Backen: ca. 30–45 Minuten

Backen: mit Dampf

Backzeit: ca. 25 Minuten bei 180 °C Heißluft

Zubereitung

- Milch und Butter gemeinsam auf ca. 36–38 °C erwärmen, alle Teigzutaten Zutaten genau einwiegen und den Teig wie angegeben kneten. Anschließend den Teig sofort auf einer leicht bemehlten Arbeitsfläche zu einer Kugel formen und für mindestens 30 Minuten zugedeckt rasten lassen.
- Danach den Teig zu einem Rechteck ausrollen (Bild 1).
- Den gesamten Teigfleck mit der flüssigen Butter bestreichen, Zucker und Zimt vermischen, die Mischung gleichmäßig auf dem ganzen Teig verteilen (Bild 2).
- Danach den Teig wie eine Roulade einrollen (Bild 3), diese mithilfe einer Teigkarte halbieren.
- Die beiden Teile jeweils in 4 gleich große Stücke teilen (Bild 4) und diese mit ausreichend Abstand zueinander in eine mit Butter befettete Form (33 x 20 cm) legen (Bild 5).
- Die Teiglinge leicht mit Wasser besprühen und zugedeckt bei Raumtemperatur etwa 30–45 Minuten gehen lassen.
- Den Backofen auf 180 °C Heißluft vorheizen und ein feuerfestes Gefäß in den Backofen stellen.
- Vor dem Backen die Schnecken gut mit Wasser besprühen oder bestreichen.
- Einen Rost in den Backofen geben (mittlere Schiene) und die Auflaufform daraufstellen, die Zimtschnecken mit Dampf goldbraun backen, dazu kaltes Wasser oder Eiswürfel in das feuerfeste Gefäß geben und das Gefäß nach 10 Minunten aus dem Backofen nehmen.
- Den Zitronensaft mit so viel Staubzucker und 1 TL Wasser glatt verrühren, dass eine dickflüssige Glasur entsteht. Die fertig gebackenen Schnecken mit der Zitronenglasur bestreichen (Bild 6).

Die Kombination von Zucker und Zimt schmeckt das ganze Jahr, doch im Advent verbreitet der herrliche Duft nach Zimt Vorweihnachtsstimmung. Gebacken habe ich die Schnecken in einer Emaille-Backform, wer keine hat, kann die Schnecken natürlich auch auf ein Backblech legen.

1

2

3
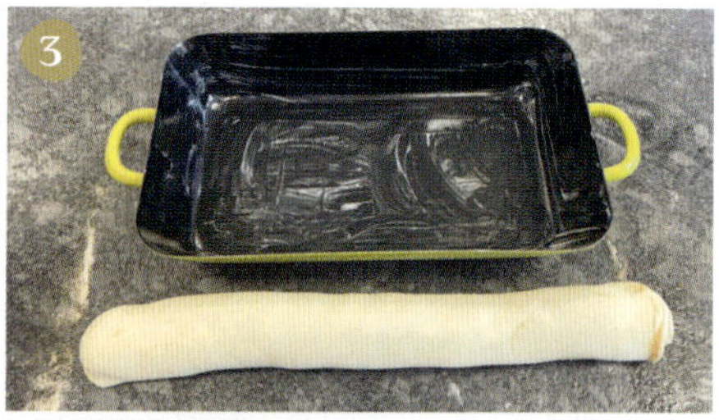
4

5

6

Sandwichwecken

Zutaten für 2 Stück

500 g Weizenmehl Type 700
10 g Salz
10 g Gerstenmalzmehl
5 g Feinkristallzucker
20 g Butter
15 g frische Hefe
290 g Wasser (22 °C)

Knetzeit: 2 Minuten langsam, 7 ½ Minuten intensiver, gesamt 9 ½ Minuten

Teigruhe nach dem Kneten: 20 Minuten + Zwischengare 15 Minuten

Gehzeit vor dem Backen: ca. 30 Minuten

Backen: mit Dampf

Backzeit: ca. 28 Minuten bei 200 °C Heißluft oder 220 °C Ober-/Unterhitze

Zubereitung

- Alle Zutaten genau einwiegen und den Teig wie angegeben kneten, anschließend 20 Minuten zugedeckt rasten lassen.
- Den Teig auf eine leicht bemehlte Arbeitsfläche geben, zwei gleich große Teigstücke auswiegen und diese locker rund formen, mit dem Schluss nach oben auf der leicht bemehlten Arbeitsfläche zugedeckt ca. 15 Minuten rasten lassen.
- Die Teigkugeln nun etwas flach drücken, den oberen Teil locker zur Mitte hin einschlagen, den unteren Teil ebenso.
- Mit etwas Druck von der Mitte ausgehend mit beiden Händen schön gleichmäßig längliche, ca. 34 cm lange Wecken formen.
- Die beiden Sandwichwecken mit dem Schluss nach unten auf ein Backblech legen, mit Wasser leicht besprühen, mit einem Tuch zugedeckt weitere 30 Minuten bei Raumtemperatur gehen lassen.
- Den Backofen auf 200 °C Heißluft vorheizen und ein feuerfestes Gefäß in den Backofen stellen.
- Mit einem scharfen Teigmesser die Wecken fünf- bis sechsmal quer einschneiden.
- Die Wecken vor dem Backen kräftig mit Wasser besprühen, das Backblech mit den Wecken in den Backofen geben (mittlere Schiene) und die Wecken mit Dampf backen, dazu kaltes Wasser oder Eiswürfel in das feuerfeste Gefäß geben und das Gefäß während der gesamten Backzeit im Ofen lassen.
- Sandwichwecken kräftig backen, gegebenenfalls nach etwa 20 Minuten das Backblech einmal wenden.
- Nach dem Backen die Wecken ganz leicht mit Wasser besprühen (das ergibt eine glänzende Kruste) und auf einem Küchenrost auskühlen lassen.

Die Sandwiches können ganz nach Belieben mit Schinken, Käse, Wurst, Lachs, geräuchertem Fisch belegt werden. Sehr gut schmecken sie aber auch mit selbst gemachten Aufstrichen, z. B. einem Aufstrich aus Camembert:

Camembert-Aufstrich

Zutaten für ca. 500 g

400 g reifer Camembert
3 EL Butter + 2 Zwiebeln
etwas Salz und Pfeffer
1 Prise Kümmel (gemahlen)
1 TL eldelsüßes Paprikapulver

Schnittlauch
ev. Zwiebelringe und Paprikastreifen zum Belegen

Zubereitung

- Camembert und Butter 30 Minuten vor der Zubereitung des Aufstrichs aus dem Kühlschrank nehmen, damit sie schön weich werden, Zwiebeln schälen und fein hacken.
- Butter in einer Schüssel schaumig rühren, Camembert mit einer Gabel zerdrücken oder durch ein Sieb passieren, den Käse und die fein gehackten Zwiebeln mit der Butter verrühren, mit Salz, Pfeffer, Kümmel und Paprikapulver würzen und 15 Minuten kühl stellen.
- Den Sandwichwecken in Scheiben schneiden und mit dem Aufstrich bestreichen, Schnittlauch, Zwiebelringe und Paprikastreifen darauf verteilen.

Weihnachtliches Schichtdessert

Zutaten für 4 Portionen

120 g Kekse (oder Keksbruch)

APFELKOMPOTT

50 ml Apfelsaft
2 EL Zucker
1 P. Vanillezucker
1 Zimtstange
2 Gewürznelken
300 g Äpfel
1 TL Speisestärke
2 EL Mandelstifte

CREME

200 g Mascarpone
2 EL Staubzucker (gesiebt)
1 P. Vanillezucker
2 EL Zitronensaft
1 TL Honig
100 g Obers (Sahne)
Zimtpulver

Zubereitung

- Die Kekse zerkrümeln, die Keksbrösel jeweils bodendeckend als unterste Schicht in die Gläser füllen.
- Für das Apfelkompott den Apfelsaft mit dem Zucker, dem Vanillezucker und den Gewürzen aufkochen lassen.
- In der Zwischenzeit die Äpfel schälen und in ca. 1 x 1 cm große Würfel schneiden, die Apfelstückchen zum kochenden Apfelsaft geben.
- Das Kompott bissfest dünsten, dann die Zimtstange und die Gewürznelken entfernen und die mit ein bisschen kaltem Wasser oder Apfelsaft glatt gerührte Speisestärke einrühren, die Mandelstifte hinzufügen und das Kompott nochmals kurz aufkochen, dann auskühlen lassen.
- Für die Creme Mascarpone mit Zucker, Vanillezucker, Zitronensaft und Honig verrühren, Obers steif schlagen und unterheben.
- Die Creme abwechselnd mit dem ausgekühlten Apfelkompott auf die Keksbrösel schichten, mit der Creme abschließen und diese glatt streichen, mit Zimtpulver bestreuen.

Sie können beliebige unglasierte, ungefüllte Mürbteigkekse verwenden. Auch Lebkuchen oder Spekulatiuskekse eignen sich gut. Außerhalb der „Keks-Saison" können Sie auch gekaufte Butterkekse verwenden.

Das Rezept für dieses perfekte Festtags-Dessert habe ich von Joana bekommen. Es ist einfach und schnell gemacht und kann auch schon einige Stunden vorher zubereitet werden. Ein weiteres köstliches Dessert, das sich zur Resteverwertung von Keksen anbietet, sind mit Vanillesauce überbackene Vanillekipferln:

Birnen-Vanille-Dessert

Zutaten für 4 Portionen

120 g Vanillekipferln
(kann auch Bruch sein)
200 ml Weißwein
1 Zimtstange
einige Gewürznelken
2 EL Kristallzucker
150 g geschälte Birnenspalten

SAUCE

1/2 P. Vanillepuddingpulver
250 ml Milch
Vanillezucker nach Geschmack
125 ml Obers (Sahne)
1 Eidotter (Eigelb)

Zubereitung

- Die Vanillekipferln etwas zerkleinern und in hitzebeständigen Schälchen oder Förmchen verteilen. Weißwein, Zimtstange, Gewürznelken und Zucker aufkochen, die Birnenspalten darin weich dünsten.
- Für die Sauce das Puddingpulver mit einem kleinen Teil der Milch verrühren, die restliche Milch mit Vanillezucker aufkochen, das Puddingpulver-Milchgemisch einrühren und unter Rühren aufkochen lassen, vom Herd nehmen und Obers und Eidotter in die heiße Creme rühren.
- Die weich gedünsteten Birnenspalten mit einem Siebschöpfer aus dem Sud heben, auf die Vanillekipferlstücke in den Schälchen geben und mit der Vanillesauce bedecken.
- Im vorgeheizten Backofen bei 180 °C 10–12 Minuten überbacken, aus dem Ofen nehmen und servieren.

Joanas Honigtorte in Kerzenform

Zutaten für 1 Kerze

(ca. 12–15 cm Ø)

TORTENBODEN

200 g Butter
200 g Honig
200 g Kristallzucker
1 Prise Salz
1 Prise Zimtpulver
4 Eier
450 g Mehl
2 TL Backpulver

CREME

500 g Obers (Sahne)
300 g Sauerrahm (saure Sahne)
100 g Kristallzucker
1 P. Vanillezucker
2 EL Zitronensaft
200 g weiße Schokolade

1 Teelicht

Zubereitung

- Für den Tortenboden Butter in einem Topf zerlassen, Honig, Zucker, Salz und Zimt dazugeben und unter ständigem Rühren aufkochen lassen, 10 Minuten abkühlen lassen.
- Dann die Eier nach und nach hinzugeben, nach jedem Ei gut verrühren, Mehl mit Backpulver vermischen und zur Honig-Butter-Masse sieben, gut vermengen.
- Auf einem mit Backpapier ausgelegten Backblech gleichmäßg verteilen, im auf 180 °C Ober-/Unterhitze vorgeheizten Backofen ca. 30 Minuten backen, herausnehmen, mit einem Geschirrtuch abdecken und auskühlen lassen.
- Für die Creme alle Zutaten in eine Rührschüssel geben und mit dem Handmixer so lange schlagen, bis eine streichfähige Creme entsteht.
- Aus dem Tortenboden mit einem Edelstahlring (12–15 cm Ø) 4 oder 5 Kreise ausstechen, den untersten Kreis auf einen flachen Teller geben, mit Creme bestreichen, den nächsten darauflegen und wieder mit Creme bestreichen, so weitermachen, bis alle Kreise aufeinandergestapelt sind.
- Die Torte rundum mit der restlichen Creme gleichmäßig einstreichen, am besten über Nacht im Kühlschrank durchkühlen lassen.
- Am nächsten Tag die Torte auf einen Kerzenständer oder einen Teller stellen, die Schokolade über einem Wasserbad schmelzen, in einen Plastikspritzbeutel füllen, eine kleine Öffnung in die Spitze schneiden und die Hälfte der Schokolade in unregelmäßigen Abständen über den Rand rinnen lassen (drippen, Bild 1), nach 8–10 Minuten, wenn die Schokolade leicht getrocknet ist, die inzwischen warm gestellte restliche Glasur rundum „runtertropfen“ lassen (Bild 2).
- Das Gehäuse des Teelichts mit Alufolie umwickeln (Bild 3), mit einem Ring in der Größe des Teelichts ein Loch mittig aus der Oberfläche der Torte ausstechen (Bilder 4 und 5), das Teelicht in die Öffnung setzen (Bild 6).

BACKPROFIS

Silvester-Partybreze

Zutaten

500 g Weizenmehl Type 700
10 g Salz
10 g Gerstenmalzmehl oder Honig
15 g Butter (handwarm)
15 g frische Hefe
280 g Wasser (22–24 °C)

Brezensalz zum Bestreuen

Knetzeit: 3 Minuten langsam, 6 ½ Minuten intensiver, gesamt 9 ½ Minuten

Teigruhe nach dem Kneten: 30 Minuten

Gehzeit vor dem Backen: ca. 30–45 Minuten

Backen: mit Dampf

Backzeit: 40–42 Minuten bei 200 °C Heißluft

Zubereitung

- Alle Zutaten genau mit einer Küchenwaage einwiegen, in eine Rührschüssel geben und den Teig wie angegeben kneten.
- Nach dem Kneten den Teig sofort aus der Rührschüssel nehmen, auf einer leicht bemehlten Arbeitsfläche rund formen, mit einem Tuch abdecken und bei Raumtemperatur 30 Minuten rasten lassen.
- Den Teig mit den Handflächen flach drücken, von oben und unten zur Mitte hin einschlagen, einrollen und mit beiden Händen mit viel Druck einen Teigstrang formen, der mindestens 110–120 cm lang ist.
- Ein Backblech mit Backpapier auslegen, aus dem Teigstrang eine Riesenbreze formen und auf das Backblech legen.
- Leicht mit Wasser besprühen, mit einem Tuch zudecken und ca. 30–45 Minuten bei Raumtemperatur gehen lassen.
- Den Backofen auf 200 °C Heißluft vorheizen und ein feuerfestes Gefäß in den Backofen stellen.
- Das Tuch entfernen, die Partybreze kräftig mit Wasser besprühen und grobes Brezensalz darüberstreuen.
- Das Backblech mit der Breze in den Backofen geben (mittlere Schiene) und die Breze mit Dampf backen, dazu kaltes Wasser oder Eiswürfel in das feuerfeste Gefäß geben und das Gefäß nach 10 Minunten aus dem Backofen nehmen.
- Die Breze nach dem Backen auf einem Küchenrost auskühlen lassen, anschließend aufschneiden und nach Herzenslust belegen.

Egal ob zur Weihnachtsparty oder am Silvesterabend: Eine hausgemachte Partybreze sieht nicht nur gut aus, sondern wird auch die Gäste erfreuen. Ob herzhaft belegt oder mit diversen Aufstrichen serviert – schmecken wird sie auf jeden Fall.

Zweierlei Aufstrich

VON DER RÄUCHERFORELLE

Zutaten für ca. 700 g

RÄUCHERFORELLEN-MAYONNAISE
200 g geräucherte Forellenfilets
2 Knoblauchzehen + 1 Eidotter
Salz + 1 TL Senf + 1 EL Zitronensaft
ca. 120 ml Rapsöl + 2 EL Joghurt

EXOTISCHER RÄUCHERFORELLENAUFSTRICH
200 g geräucherte Forellenfilets
1 EL frischer Ingwer (gerieben)
150 g Kokosflocken + Kokoslikör
Chili (gemahlen) + Salz

Zubereitung

- Für die Mayonnaise die Forellenfilets und den Knoblauch möglichst fein hacken. Eidotter, Salz, Senf und Zitronensaft in eine Schüssel geben, mit dem Handmixer gut verrühren, dann in ganz feinem Strahl unter ständigem Rühren das Öl beifügen.
- Danach die gehackten Forellenfilets und den Knoblauch sowie das Joghurt unterrühren.
- Für die zweite Variante die Forellenfilets klein schneiden und gut mit den anderen Zutaten vermischen.
- Die Partybreze waagrecht durchschneiden und mit den Aufstrichen bestreichen, nach Belieben mit Radieschenscheiben, Jungzwiebelröllchen oder Petersilie garnieren.

Glücksschweinchen mit Nussfülle

Zutaten für 8 Stück

280 g Milch
50 g Butter
500 g Weizenmehl
(Type 480 Universal)
7 g Salz
50 g Feinkristallzucker
30 g frische Hefe (Germ)

NUSSFÜLLE

250 g Milch
230 g Hasel- oder Walnüsse
(gerieben)
60 g Brösel
60 g Feinkristallzucker
5 g Zimt
20 g Rum
15 g Marillenmarmelade
10 g Honig

1 Ei (zum Bestreichen)
16 Rosinen (für die Augen)

Knetzeit: 3 Minuten langsam, 7 Minuten intensiver, gesamt 10 Minuten

Teigruhe nach dem Kneten: 20 Minuten

Gehzeit: ca. 30 Minuten

Backen: ohne Dampf

Backzeit: ca. 20 Minuten bei 190 °C Heißluf (je nach Größe der Schweinchen)

Zubereitung

- Milch und Butter auf ca. 36 °C erwärmen und mit den anderen Zutaten verkneten, den Teig auf eine bemehlte Arbeitsfläche geben und in zwei Teigstücke teilen (ca. 600 g und ca. 300 g), rund formen (wirken, Bild 1) und bei Raumtemperatur 20 Minuten zugedeckt rasten lassen.
- Für die Fülle die Milch mit den übrigen Füllezutaten bei schwacher Temperatur leicht erwärmen, immer wieder umrühren, dann auskühlen lassen (die Fülle sollte relativ weich sein, wenn nötig, etwas Milch dazugeben).
- Nach der Teigruhe die größere Teigkugel zu einem Rechteck von ca. 45 x 40 cm ausrollen. Die Hasel- oder Walnussfülle über den ganzen Teig schön gleichmäßig verteilen (Bild 2).
- Den bestrichenen Teig zusammenklappen (Bild 3), mit einer Schüssel (ca. 12 cm Ø) nun 8 Kreise ausstechen (Bild 4). Die Ränder etwas zusammendrücken, damit die Fülle nicht ausläuft, und die Kreise auf ein mit Backpapier belegtes Backblech legen.
- Nun die kleinere Teigkugel ausrollen (Bild 5) und mit einem Glas (ca. 7,5 cm Ø) 8 Kreise ausstechen (Bild 6), aus diesen Kreisen mit einem Trichter die Nasenlöcher ausstechen (Bild 7).
- Die größeren Kreise auf dem Backblech mit Wasser befeuchten und die kleineren Kreise mit den ausgestochenen Nasenlöchern darauflegen.
- Die Teigreste noch einmal verkneten, ausrollen und daraus 16 länglich-ovale Teigstücke ausstechen, diese als Ohren auf die Teigkreise legen.
- Die fertigen Schweinchen mit Wasser befeuchten, abdecken und bei Raumtemperatur ca. 30 Minuten gehen lassen.
- Den Backofen auf 180 °C Heißluft vorheizen. Vor dem Backen die Schweinchen kräftig mit verquirltem Ei bestreichen (Bild 8), dann Rosinen als Augen in die Teigkreise drücken und in den vorgeheizten Backofen geben.

Rezepte Teil 2

KEKSE, KUGERLN, KRAPFERLN ... TIPPS & TRICKS VON HEIDI & JOANA

Kekse sind etwas Besonderes – und sollten auch so behandelt werden. Das fängt bei der Wahl der Zutaten an und geht über die Zubereitung bis hin zur Lagerung.

Das Backen von Keksen ist in erster Linie Erfahrungs- und Übungssache. Hilfreiche Informationen vorab können Neulingen in der Weihnachtsbackstube das Backen enorm erleichtern, deshalb sind hier die wichtigsten Tipps und Tricks aufgelistet. Denn für das Nachbacken all der süßen Köstlichkeiten in diesem Buch gelten einige allgemeinen Regeln, die nicht bei jedem einzelnen Rezept angegeben sind.

Zutaten

Die wichtigste Grundvoraussetzung für geschmacklich perfekte Kekse ist die Verwendung von hochwertigen Zutaten!

Mehl: Wenn nicht anders angegeben, ist mit Mehl immer glattes Weizenmehl der Type W480 oder W700 (in Deutschland: Type 405 oder Type 550) gemeint.

Zucker: Für die meisten Keksteige wird Staubzucker verwendet; dieser sollte immer gesiebt werden. Alternativ können Sie auch Backzucker (besonders fein gemahlenen Kristallzucker) verwenden.

Puderzucker ist etwas anderes als Staubzucker, er ist noch feiner und vor allem für Glasuren, Füllungen und sehr feine Teige empfehlenswert.

Zuckermenge: Falls gewünscht, kann bei den meisten Rezepten die Zuckermenge reduziert werden. Bei Mürbteig z. B. kann man den Zucker sogar bis zur halben Menge reduzieren – stattdessen während dem Kneten ganz vorsichtig nach und nach 1–2 EL Milch zum Teig hinzufügen. **ACHTUNG:** Bei Baisermassen darf die Zuckermenge nicht reduziert werden – es könnte sein, dass diese sonst nicht steif genug werden!

Butter: Schneiden Sie die kalte, aber nicht zu harte Butter in Stücke, dann ist sie leichter zu verkneten. Wir empfehlen die Verwendung von Butter, deren Geschmack ist einfach besser als jener von Margarine. Doch auf Wunsch können Sie natürlich Backmargarine statt Butter verwenden (in diesem Fall kann der Mürbteig schneller weiterverarbeitet werden und soll nicht im Kühlschrank rasten, weil er sonst beim Ausrollen brüchig wird).

Nüsse: Sie können nach Belieben variieren und z. B. statt geriebenen Walnüssen Haselnüsse, Mandeln oder auch Pekannüsse verwenden. Wenn bei einem Rezept keine Nüsse angegeben sind, können Sie ein Viertel des Mehls auch durch geriebene Nüsse ersetzen.

Kokosette (Kokosraspel): Wenn bei einem Teig Kokosraspel als Zutat angegeben sind, empfehlen wir, diese gemeinsam mit Zucker feiner zu mahlen, dann wird der Teig schön glatt. Übrigens wird der Teig geschmeidiger, wenn man bei der Verwendung von Kokosette ein bisschen Milch hinzufügt.

Eier: Es sind immer Eier der Gewichtsklasse M gemeint. Falls Sie kleine Eier verwenden, sollten Sie zusätzlich ca. 1 EL Obers zum Teig geben, damit dieser nicht zu fest wird.

Salz: Auch süße Teige immer mit einer Prise Salz würzen, das verbessert den Geschmack (außer wenn Backpulver oder Natron dabei ist, dann ist es nicht unbedingt nötig).

Zitronen- und Orangenabrieb: Geriebene Zitronenschale und/oder Orangenschale sind bei Weihnachtsgebäck eine häufige Zutat. Verwenden Sie immer Bio-Zitronen und Orangen mit unbehandelter Schale, die zum Verzehr geeignet ist! Vor dem Abreiben der Schale die Früchte gründlich mit heißem Wasser waschen!

Aromen: Ganz nach Belieben können Sie Ihre Teige oder Füllungen mit verschiedenen Aromen verfeinern (Vanillezucker, Rum-Aroma, Zimt- oder Kardamompulver, Tonkabohne, Muskatnuss usw.).

Backutensilien & grundsätzliche Informationen

Bevor Sie mit dem Backen beginnen, bereiten Sie Ihren Arbeitsplatz vor und richten die benötigten Backutensilien sowie die Zutaten her:

Arbeitsfläche: Diese gründlich reinigen und frei räumen, damit genügend Platz vorhanden ist.

Waage: Eine Digitalwaage, die auch kleinste Mengen anzeigt, ist empfehlenswert, um die angegebenen Zutatenmengen genau abwiegen zu können.

Küchenmaschine, Handmixer, Schüsseln: Wenn Sie den Teig in der Küchenmaschine bzw. mit dem Handmixer kurz vermengen (abbröseln) wollen, stellen Sie diese bereit.

Backbleche: Es ist vorteilhaft, zumindest zwei Backbleche zum Keksebacken zu haben: Während das eine Blech im Backofen ist, kann das andere abkühlen, dann können Sie die frisch ausgestochenen Kekse auf das wieder abgekühlte

Backblech legen. Wenn man sie auf ein noch heißes Blech legen würde, rinnen sie auseinander, die Backzeit verringert sich, die Kekse werden zu trocken oder brennen womöglich an.

Befetten, Backpapier oder Dauerbackmatte: Wenn Sie das Backblech befetten wollen, so muss das nur beim ersten Backdurchgang erfolgen, dann nicht mehr (einfach mit einer Küchenrolle die Brösel vom Blech entfernen und die nächsten Keksrohlinge drauflegen). Sollten Sie Backpapier verwenden, so können Sie jeden Bogen ruhig für 2–3 Backdurchgänge verwenden. Am nachhaltigsten ist eine Dauerbackmatte aus Silikon für das Backblech, weil diese wiederverwendbar ist, was Geld spart und Müll vermeidet.

Keksausstecher: Sparen Sie nicht beim Kauf von Keksausstechern, diese sollten eine gute Qualität haben und stabil sein – sonst erzielt man keine schönen Ergebnisse beim Ausstechen. Je mehr verschiedene Formen bzw. Motive Sie haben, umso abwechslungsreicher wird Ihr Keksteller bestückt sein.

Kneten

Bei der Teigzubereitung sollte die Temperatur im Raum nicht zu hoch sein.

Händisch: Mürbteige lassen sich ganz einfach von Hand verkneten, wichtig ist, dass der Knetvorgang rasch erfolgt, weil sonst der Teig zu weich und klebrig wird. Verkneten können Sie den Teig entweder in einer großen Schüssel, aber auch auf der Küchen-Arbeitsfläche oder auf einer Silikon-Backmatte.

Küchenmaschine oder Handmixer: Wie oben schon erwähnt, können Sie die Küchenmaschine oder einen Handmixer zum „Abbröseln“ (Vermischen der Zutaten) verwenden, allerdings nicht länger als etwa 2 Minuten! Gleich anschließend den Teig händisch fertig kneten.

Teigruhe

Nach dem Kneten wird der Teig zu einer Kugel geformt, in Frischhaltefolie gewickelt und zum Rasten in den Kühlschrank gestellt. Die Teigruhe erfolgt bei Mürbteigen meist im Kühlschrank

(wenn nicht anders angegeben) und sollte mindestens 30 Minuten betragen. Durch die Rastzeit werden die Klebereigenschaften des Mehles aktiviert, der Teig würde sonst nicht binden und beim Ausrollen brechen. Außerdem lässt sich der gekühlte Teig leichter ausrollen.

Ausrollen & Ausstechen

Nach der Rastzeit wird der Teig ausgerollt, das erfolgt mithilfe eines Nudelwalkers (Teigroller, Rollholz) entweder auf der leicht bemehlten Küchen-Arbeitsfläche oder auf einer leicht bemehlten Backmatte aus Silikon.

Nudelwalker (Teigroller, Rollholz): Damit der Teig nicht am Nudelwalker kleben bleibt, gibt es einen einfachen Trick: Überziehen Sie den Nudelwalker mit einer Feinstrumpfhose, nach 2–3 ausgerollten Teigen erneuern.

„Schablonen" oder Leisten: Damit der Teig beim Ausrollen schön gleichmäßig dick wird, gibt es ebenfalls Helferlein: Bei manchen Nudelwalkern kann man die Griffe abschrauben und zwischen Griff und Rollholz eine Art „Schablonen" bzw. Plastikscheiben einsetzen, deren Durchmesser größer ist als der des Rollholzes. Diese Scheiben haben verschiedene Durchmesser, je nachdem, wie dick der Teig werden soll. Eine andere Möglichkeit ist, rechts und links vom Teig zwei Leisten in gewünschter Stärke hinzulegen, auf denen der Nudelwalker aufliegt.

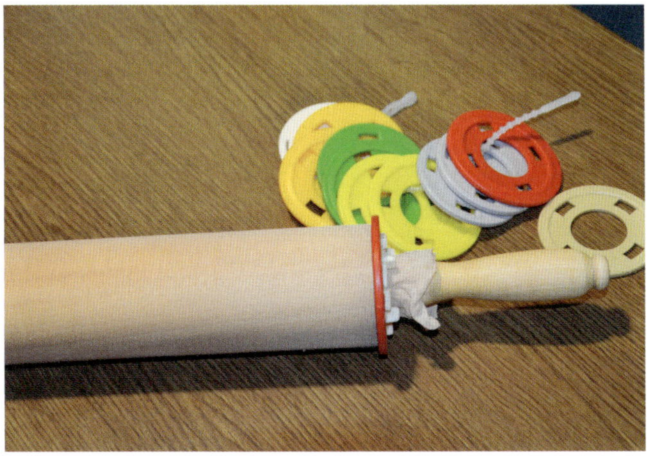

Teigmenge: ACHTUNG: Nie zu viel Teig auf einmal ausrollen, sonst wird der Teig beim Ausrollen und Ausstechen zu weich. Deshalb nur einen Teil des Teiges (maximal 200–250 g) aus dem Kühlschrank nehmen, den restlichen Teig im Kühlschrank lassen. Teigreste, die beim Ausstechen übrig bleiben, mit frischem kaltem Teig aus dem Kühlschrank kurz verkneten und ausrollen.

Ausstechen: Die Keksausstecher immer wieder in Mehl tauchen, damit der ausgestochene Teig nicht an den Ausstechern kleben bleibt, die Kekse direkt mit dem Ausstecher auf ein Backblech setzen.

Stückzahl & Zubereitungszeit: Bei den Rezepten sind zwar ungefähre Stückzahlen angegeben, diese sind jedoch logischerweise davon abhängig, wie groß Sie Ihre Kekse machen.

Backtemperatur & Backzeit

Der Backofen wird immer vorgeheizt, außer es ist im Rezept dezidiert anders angegeben. Die Backtemperatur und auch, ob mit Ober-/Unterhitze oder Umluft bzw. Heißluft gebacken wird, ist bei jedem Rezept angegeben. Wenn Sie statt mit Ober-/Unterhitze lieber mit Umluft (oder Heißluft) backen, müssen Sie die Backtemperatur um etwa 20 °C reduzieren. Wenn Umluft bzw. Heißluft angegeben ist und Sie lieber mit Ober-/Unterhitze backen, erhöhen Sie die Temperatur um 20 °C.
Allerdings sollten Sie bedenken, dass jeder Ofen anders bäckt bzw. dass manche Herde nicht die tatsächliche Backtemperatur anzeigen (Sie können mit einem Backofenthermometer überprüfen, ob die angegebene Temperatur am Display des Herdes mit jener, die das Thermometer zeigt, übereinstimmt). Bitte betrachten Sie deshalb die angegebenen Backzeiten und auch die Backtemperaturen lediglich als ungefähre Richtwerte! Beobachten Sie also beim ersten Mal Nachbacken Ihre Kekse: Auf keinen Fall sollen Kekse zu dunkel werden, eine schöne goldgelbe Farbe ist optimal. Sie sollen auch nicht zu hart und fest werden! Backen Sie ihre Kekse lieber etwas kürzer als zu lange. Die erste Partie braucht meist ein wenig länger als die folgenden,

weil der Backofen noch nicht so stark vorgeheizt ist. Wenn Ihre Kekse zu schnell bräunen, reduzieren Sie die Temperatur um ca. 10 °C oder nehmen Sie die Kekse, wenn sie fertig sind, früher als angegeben aus dem Backofen.

Wenn die Kekse nach der angegebenen Backzeit noch gar keine Farbe angenommen haben und noch zu weich sind, lassen Sie sie noch ein bisschen länger im Ofen. Machen Sie sich Notizen, damit Sie beim nächsten Mal Nachbacken die Temperatur bzw. die Backzeit gleich von Anfang an dementsprechend einstellen können.

Wir empfehlen, immer nur 1 Blech in den Backofen zu geben, da sich die Hitze bei zwei Blechen nicht so gut im Backofen verteilen kann. Falls Sie dennoch zwei Bleche gleichzeitig backen wollen, bitte backen Sie unbedingt mit Umluft (die Temperatur dafür um 20 °C reduzieren, die Backzeit verlängert sich um ein paar Minuten!).

Nach dem Herausnehmen sollten Sie die Kekse sofort vom Backblech nehmen, weil sie sonst „nachbacken" und zu hart werden könnten.

Zusammensetzen mit Marmelade

Wichtig ist, die Kekse vor dem Zusammensetzen gänzlich auskühlen zu lassen. Sehr gut eignet sich aufgrund ihrer leichten Säure Ribiselmarmelade, ganz nach persönlichem Geschmack können Sie jede beliebige Marmelade verwenden. Am besten funktioniert das Zusammensetzen mit fein passierter Marmelade mit einem „Mini-Spritzsack": Dazu geben Sie einen Gefrierbeutel in ein Glas und füllen Marmelade ein, dann schneiden Sie eine kleine Öffnung in die Spitze.

Dann spritzen Sie die Marmelade mit dem kleinen „Spritzsack" auf die Hälfte der Kekse und setzen je einen zweiten Keks darauf.

WICHTIG: Lassen Sie die Kekse mindestens 2 Stunden (besser über Nacht) anziehen, damit sie sich beim Verzieren oder Glasieren nicht verschieben.

Glasieren und Verzieren

Zum Glasieren der Kekse können Sie fertige Glasuren im Becher kaufen oder Ihre Lieblingsglasur selbst machen (siehe Grundrezepte ab S. 108). Ein Grundprinzip ist, dass jede Glasur ganz glatt gerührt sein muss. Bei Glasuren, die aus Zucker und einer Flüssigkeit bestehen, ist das keine Hexerei. Etwas gefinkelter sind Schokoladenglasuren: Dafür schmelzen Sie Kuvertüre oder Schokolade (je nach Rezeptur mit Butter oder Kokosfett) über einem Wasserbad, besser gesagt über Wasserdampf, denn das Wasser soll das Gefäß, in dem die Schokolade ist, nicht berühren.

Wenn Sie die Kekse in Glasur tunken, streifen Sie die Unterseite am Rand des Gefäßes ab und legen Sie die glasierten Kekse auf Backpapier – dort kleben sie weniger als auf Kuchengitter!

Anleitungsfotos © Irmtraud Weishaupt-Orthofer

Um Schokoladenglasur (oder auch Zuckerglasur) als Verzierung aufzuspritzen, drehen Sie am besten aus dreieckig ausgeschnittenem Backpapier ein Stanitzel, füllen die Glasur ein, schneiden die Spitze ab und spritzen die Glasur auf die Kekse.

Dekor

Ganz nach persönlichem Belieben können Sie ihre glasierten Kekse zusätzlich mit Zucker-, Schokoladen- oder Glitzerdekor, mit Streuseln, Nüssen, Trockenfrüchten usw. verzieren. Das Dekor müssen Sie vor dem Trocknen der Glasur anbringen.

Variationen

Ganz nach Lust und Laune können Sie bei jedem Keksrezept Formen, Füllungen, Glasuren und Verzierungen variieren, so können jedes Jahr neue Kreationen entstehen. Bei den Kekssorten, die mit Marmelade zusammengesetzt sind, kann man stattdessen auch eine beliebige Creme verwenden. Ebenso können Sie Ihre Kekse ganz nach persönlichen Vorlieben mit Schokoladenglasur, Zucker-, Eiweiß- oder anderen Glasuren überziehen. Wir haben daher ab S. 108 eine Auswahl an Grundrezepten für Cremen zum Füllen und für verschiedene Glasuren zusammengestellt, die Sie ganz nach Belieben kombinieren können.

Lagerung der Kekse

Nachdem die Glasur gut getrocknet ist, können Sie die fertigen Kekse in gut verschließbare Blech- oder Plastikdosen schlichten (immer mit Backpapier zwischen den einzelnen Lagen).

Bewahren Sie jede Kekssorte in einer eigenen Dose auf, damit die unterschiedlichen Aromen erhalten bleiben.

Um zu hart geratenes Weihnachtsgebäck (wie es manchmal bei Lebkuchen der Fall ist) mürb zu machen, legen Sie am besten ein Stück Apfelschale in die Keksdose dazu (regelmäßig durch ein neues Stück Apfelschale ersetzen).

Idealerweise lagern Sie Ihre in Dosen verstauten Kekse bei nicht mehr als 16 °C, auf jeden Fall aber möglichst kühl (z. B. in einem trockenen Keller, im Schlafzimmer oder in einer kühlen Speisekammer), aber nicht im Kühlschrank (weil z. B. die Schokoladenglasur grau werden könnte). **AUSNAHME:** Kekse mit einer Creme, die leicht verderblich ist, oder Pralinen sollten Sie im Kühlschrank aufbewahren.

Kekse, die mit Marmelade zusammengesetzt sind oder deren Fülle keine Eier, keine Butter oder andere Milchprodukte enthält, halten sich kühl gelagert 2–3 Wochen.

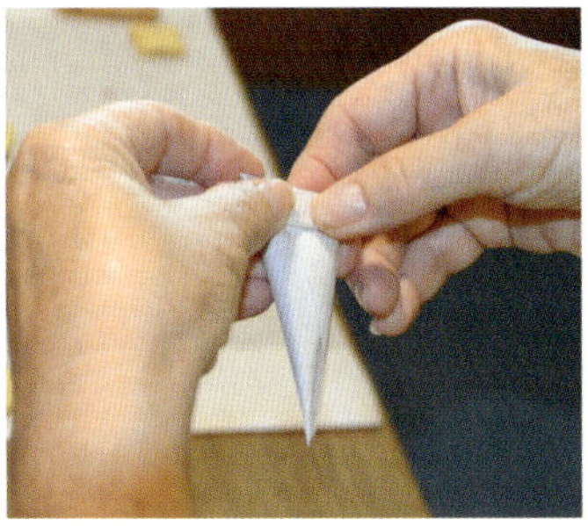

Rumkugeln

Zutaten für 60–70 Stück

125 ml Obers (Sahne)
350 g Kochschokolade
4 cl Rum
100 g Hasel- oder Walnüsse (gerieben)

beliebige Streusel zum Wälzen

Zubereitung

- Obers und klein geschnittene Schokolade aufkochen, Masse überkühlen lassen, danach Rum und Nüsse dazugeben und 30 Minuten im Kühlschrank rasten lassen.
- Dann Kugeln formen, diese in Streuseln wälzen und in Konfektkapseln setzen.

Variante

- Eine sehr rum-lastige, nussige Variante ist folgendes Rezept: 200 g gemahlene Walnüsse mit 100 g geriebener Zartbitter-Kuvertüre und so viel Rum vermengen, dass eine gut formbare Masse entsteht, diese ca. 30 Minuten im Kühlschrank rasten lassen und danach Kugeln formen.
- Die Kugeln in Kristallzucker, Schokostreuseln oder bunten Streuseln wälzen.

Nussecken

Zutaten für ca. 90 Stück

TEIG
300 g glattes Mehl
1 TL Backpulver
150 g Butter
1 Ei
100 g Staubzucker (gesiebt)
1 EL Milch
1 P. Vanillezucker
1 Prise Salz

3 EL Marmelade zum Bestreichen

BELAG
150 g Butter
150 g Staubzucker (gesiebt)
1 P. Vanillezucker
3 EL Wasser
150 g Walnüsse (gehackt)
150 g Walnüsse (gemahlen)
ca. 100 g Zartbitter-Kuvertüre zum Verzieren

Zubereitung

- Für den Teig das Mehl mit dem Backpulver vermischen und mit der Butter abbröseln, dann die restlichen Zutaten dazugeben, alles rasch verkneten.
- Den Teig ohne Rastzeit auf einer bemehlten Arbeitsfläche ca. 25 x 30 cm groß ausrollen, das Teigrechteck auf ein mit Backpapier belegtes Backblech legen und mit der Marmelade bestreichen.
- Für den Belag Butter, Zucker, Vanillezucker und Wasser erwärmen, bis sich der Zucker aufgelöst hat, die Nüsse unterrühren, dann vom Herd nehmen.
- Die Masse erkalten lassen, dann auf dem Teig verteilen und glatt streichen, im auf 175 °C Ober-/Unterhitze vorgeheizten Backofen ca. 20–25 Minuten backen.
- Nach dem Auskühlen in Dreiecke schneiden und mit der geschmolzenen Schokoladenglasur beliebig verzieren (z. B. können auch eine oder zwei Ecken in die Glasur getunkt werden).

Den Teig vor dem Backen mit einem Zahnstocher mehrmals einstechen, damit er sich beim Backen nicht wölbt.

Heidis „Wind-Blümchen“

Zutaten für ca. 40 Stück

TEIG

200 g Butter
50 g Staubzucker
1 Prise Kardamom
250 g glattes Mehl
50 g Mandeln (gemahlen)

etwas Mehl für die Arbeitsfläche
ca. 250 g Marillenmarmelade (Aprikosenkonfitüre)

WINDMASSE

2 Eiklar (Eiweiß)
1 Prise Salz
70 g Kristallzucker
130 g Staubzucker

Zubereitung

- Für den Teig Butter mit Staubzucker und Kardamom sehr schaumig rühren, das Mehl dazusieben, Mandeln hinzufügen und alles rasch zu einem geschmeidigen Teig verkneten.
- Den Teig 2,5 mm dick auf einer bemehlten Arbeitsfläche ausrollen und Blümchen ausstechen, auf ein mit Backpapier ausgelegtes Backblech legen.
- Die Kekse im vorgeheizten Backofen bei 140 °C Umluft ca. 17 Minuten hellbraun backen.
- Für die Baisermasse die Eiklar mit einer Prise Salz zu sehr festem Eischnee schlagen.
- Den Kristallzucker in den Schnee einrieseln lassen und mindestens 10 Minuten kräftig schlagen, danach den Staubzucker vorsichtig mit einem Schneebesen unterheben.
- Die Windmasse in einen Spritzsack füllen, mit einer Sterntülle kleine Tupfen auf ein mit Backpapier ausgelegtes Backblech spritzen und im vorgeheizten Backofen bei 80 °C Umluft ca. 90 Minuten im Backofen trocknen lassen.
- Je 2 Blümchen mit Marillenmarmelade bestreichen und zusammensetzen, danach am besten über Nacht anziehen lassen.
- Die „Wind-Tupfen“ mit etwas Marmelade auf die Kekse setzen.

Die Eidotter finden in den Schneeflocken auf S. 86 Verwendung.

Mandel-Kirsch-Knöpfchen

MIT SCHOKOSPIRALE

Zutaten für 70–75 Stück

TEIG

180 g glattes Mehl
90 g Mandeln (gemahlen)
150 g Butter + 1 Eidotter (Eigelb)
70 g Staubzucker
1 TL Backpulver
1 Msp. Zimt

FÜLLE

200 g Kirschenmarmelade

VERZIERUNG

ca. 100 g dunkle Kuvertüre
ca. 30 kandierte Kirschen (gehackt)

Zubereitung

- Für den Teig alle Zutaten gut verkneten, zu einer Kugel formen und diese in Frischhaltefolie wickeln, im Kühlschrank mindestens 30 Minuten rasten lassen.
- Den Teig auf einer bemehlten Arbeitsfläche ca. 3 mm dick ausrollen und mit einem kleinen runden Ausstecher Kreise ausstechen, diese auf mit Backpapier ausgelegte Backbleche setzen und im auf 150 °C Umluft vorgeheizten Backofen ca. 12 Minuten backen.
- Die Kekse auskühlen lassen und mit der Kirschenmarmelade zusammensetzen, am besten über Nacht anziehen lassen.
- Die Kuvertüre über einem Wasserbad schmelzen, in einen kleinen Gefrierbeutel füllen, eine kleine Öffnung in eine Ecke schneiden und die Glasur spiralförmig auf die Oberseite der Kekse aufspritzen, danach auf die noch weiche Kuvertüre je ein kleines Stückchen der gehackten kandierten Kirschen setzen.

Orangen-Schokoladen-Taler

Zutaten für ca. 75 Stück
150 g Weizenmehl
1 TL Backpulver
45 g Maisstärke
125 g zimmerwarme Butter
1 Ei
75 g Zucker
abgeriebene Schale von
1 Bio-Orange
ausgekratztes Mark von
1 Vanilleschote
80 g Kochschokolade
(in kleine Stückchen gehackt)

Zubereitung

- Mehl, Backpulver und Maisstärke vermischen und in eine Schüssel sieben.
- Butter, Ei, Zucker, geriebene Orangenschale und Vanillemark hinzufügen, rasch zu einem glatten Teig verkneten.
- Zum Schluss die gehackte Schokolade unterkneten, dann den Teig zu einer Rolle mit etwa 4 cm Durchmesser formen, diese 60 Minuten im Kühlschrank rasten lassen.
- Die Teigrolle aus dem Kühlschrank nehmen, in maximal 5 mm dicke Scheiben schneiden, diese auf zwei mit Backpapier belegte Backbleche legen und im auf 170 °C Umluft vorgeheizten Backofen rund 10 Minuten backen.

Sie können dem Teig zusätzlich ein paar Tropfen Orangen-Aroma beifügen, um einen intensiveren Orangengeschmack zu erhalten.

Florentiner

Zutaten für 80–90 Stück

TEIG
250 g glattes Mehl
1 TL Backpulver
90 g Staubzucker (gesiebt)
1 P. Vanillezucker
180 g kalte Butter (in kleine Stücke geschnitten)
1 kleines Ei

BELAG UND GLASUR
100 g kandierte Früchte
(Aranzini, Kirschen, Zitronat etc.)
125 ml Obers (Sahne)
50 g Honig
50 g Butter
150 g Staubzucker
150 g Mandelblättchen

200 g Schokoladenglasur
(siehe S. 109)

Zubereitung

- Mehl und Backpulver vermischen und sieben, mit den übrigen Teigzutaten rasch verkneten, den Teig in Frischhaltefolie gewickelt rund 30 Minuten im Kühlschrank rasten lassen.
- Für den Belag die kandierten Früchte möglichst fein hacken bzw. schneiden.
- Das Obers mit Honig, Butter und Zucker gut vermischen und aufkochen lassen.
- Die Mandelblättchen und die gehackten kandierten Früchte zur Obersmischung geben und unterrühren, dann die Masse abkühlen lassen.
- Den Teig auf einer bemehlten Arbeitsfläche ca. 3 mm dick ausrollen und auf ein mit Backpapier ausgelegtes Backblech geben.
- Die Obers-Mandel-Masse gleichmäßig auf dem Teig verstreichen und im auf 175 °C Ober-/Unterhitze vorgeheizten Backofen ca. 20–25 Minuten backen.
- Auskühlen lassen und erst dann in kleine Rechtecke oder Rauten schneiden.
- Die Florentiner zur Hälfte in geschmolzene Schokoladenglasur tunken.

Schokoladenkekse

MIT EIWEISSGLASUR

Zutaten für 20 Stück

70 g Zartbitter-Schokolade
2 Eiklar (Eiweiß)
1 Prise Salz
1 TL Zitronensaft
100 g Staubzucker
180 g Walnüsse (gemahlen)
50 g glattes Weizenmehl
1 Prise Zimt

EIWEISSGLASUR (ROYAL ICING*)

1 Eiklar
250 g Puderzucker

* Royal Icing gibt es im Backwaren-Fachhandel oder online auch in verschiedenen Farben fertig zu kaufen.

Zubereitung

- Die Schokolade hacken, im Wasserbad schmelzen und abkühlen lassen.
- Die Eiklar mit etwas Salz und Zitronensaft steif schlagen, den gesiebten Staubzucker einrieseln lassen und so lange weiterschlagen, bis die Schneemasse fest ist.
- Die Nüsse, das Mehl, den Zimt und die geschmolzene Schokolade untermengen, alles gut verkneten, den Teig in Frischhaltefolie wickeln und über Nacht kalt stellen.
- Den Teig zwischen bemehltem Backpapier dünn ausrollen und beliebige Formen ausstechen, auf mit Backpapier ausgelegte Bleche setzen und im auf 170 °C Ober-/Unterhitze vorgeheizten Backofen ca. 8 Minuten backen.
- Die Kekse auskühlen lassen und ganz nach persönlicher Fantasie mit der Eiweißglasur verzieren.

Wenn Eiweißglasur übrig bleibt, kann man diese im Gefrierbeutel im Kühlschrank einige Tage aufbewahren, ohne dass sie fest wird, und bei Bedarf weiterverwenden

---

Punschtropfen

Zutaten für ca. 40 Stück

TEIG

180 g glattes Mehl
140 g Pekannüsse (gemahlen)
140 g Butter
100 g Staubzucker (gesiebt)
1 Msp. Zimt ✦ 1 Prise Salz

FÜLLE

50 g Staubzucker (gesiebt)
2 EL beliebige Marmelade
etwas Rum und Zimt

GLASUR

Punschglasur (siehe S. 109)
etwas Schokoladenglasur (siehe S. 109)

Zubereitung

- Für den Teig das Mehl und die Pekannüsse vermischen, mit der Butter abbröseln, dann die restlichen Zutaten hinzufügen und rasch zu einem glatten Teig verkneten, diesen ca. 60 Minuten im Kühlschrank rasten lassen.
- Danach den Teig ca. 2 mm dick ausrollen, mit einem tropfenförmigen Ausstecher Kekse ausstechen und diese auf mit Backpapier ausgelegte Backbleche legen.
- Die Kekse im auf 150 °C Umluft vorgeheizten Backofen ca. 8–10 Minuten backen, herausnehmen und auskühlen lassen.
- Für die Fülle den Staubzucker mit der Marmelade, etwas Rum und Zimt gut verrühren und jeweils zwei Kekse damit zusammensetzen (am besten über Nacht anziehen lassen, damit sich die beiden Hälften beim Tunken nicht verschieben).
- Die Punschglasur wie auf S. 109 beschrieben zubereiten, die Oberseite der Tropfen in die Glasur tunken, trocknen lassen und anschließend die Schokoglasur in dünnen Linien aufspritzen.

Vanillekipferln

Zutaten für ca. 120 Stück

TEIG

280 g glattes Mehl
70 g Staubzucker (gesiebt)
100 g Mandeln (gemahlen)
200 g Butter

ZUM WÄLZEN

2 P. Vanillezucker
ca. 10 EL Staubzucker (gesiebt)

Zubereitung

- Für den Teig alle Zutaten vermengen und rasch zu einem Mürbteig verkneten, diesen in Frischhaltefolie wickeln und ca. 30 Minuten im Kühlschrank rasten lassen.
- Den Teig vierteln, drei Viertel wieder in den Kühlschrank geben, das erste Viertel zu einer dünnen Rolle formen.
- Mit einem Messer ca. 1 cm breite Stücke abschneiden und diese zu Kipferln formen.
- Die Kipferln auf ein mit Backpapier belegtes Backblech legen und im auf 150 °C Umluft vorgeheizten Backofen ca. 15 Minuten backen.
- Vanille- und Staubzucker vermischen, darin die ausgekühlten Kipferln wälzen.

Linzer Augen

Zutaten für ca. 60 Stück

TEIG

300 g glattes Mehl
200 g Butter
100 g Staubzucker (gesiebt)
1 Eidotter
1 P. Vanillezucker
Abrieb von ½ Bio-Zitrone

FÜLLE

ca. 200 g passierte Marillenmarmelade (Aprikosenkonfitüre)

ZUM WÄLZEN

Staubzucker (gesiebt)

Zubereitung

- Alle Teigzutaten rasch zu einem Mürbteig verkneten, diesen in Frischhaltefolie wickeln und im Kühlschrank ca. 45 Minuten rasten lassen.
- Den Teig halbieren, ca. 2 mm dick ausrollen und danach mit einem runden Keksausstecher die Unterteile ausstechen, danach die zweite Teighälfte ausrollen und mit einem Linzer-Augen-Ausstecher die Oberteile mit Löchern ausstechen.
- Die Kekse auf mit Backpapier ausgelegte Backbleche legen und im auf 150 °C Umluft vorgeheizten Backofen etwa 11 Minuten backen.
- Danach auskühlen lassen, jeweils einen Unter- und Oberteil mit Marillenmarmelade zusammensetzen und für mindestens 3 Stunden anziehen lassen.
- Danach die Kekse in Staubzucker wälzen.

„Bilderrahmen“

MIT PEKANNÜSSEN

Zutaten für ca. 30 Stück

200 g glattes Mehl
70 g Staubzucker
70 g Pekannüsse (gerieben)
1 Msp. Zimt
150 g kalte Butter
1 kleines Ei
etwas geriebene Schale
von einer Bio-Zitrone

1 Eiklar (Eiweiß)
ca. 100 g Pekannüsse (gerieben)

ca. 300 g Nougatfülle (siehe S.108)

Zubereitung

- Mehl, Zucker, Pekannüsse und Zimt mit der Butter verbröseln, das Ei und die Zitronenschale dazugeben und zu einem glatten Teig verkneten, den Teig zu einer Kugel formen, mit Frischhaltefolie abdecken und mindestens 30 Minuten kalt stellen.
- Den Teig auf einer bemehlten Arbeitsfläche ca. 2,5 mm dick ausrollen und Rechtecke ausstechen (ca. 7 x 5 cm), aus diesen kleinere Rechtecke mit ca. 5 cm x 3 cm ausstechen, damit Rahmen entstehen.
- Die Rahmen auf ein mit Backpapier ausgelegtes Backblech legen, mit versprudeltem Eiklar bestreichen und über die Hälfte der Rahmen die geriebenen Pekannüsse streuen.
- Die Kekse im auf 150–160 °C Umluft vorgeheizten Backofen ca. 10–12 Minuten backen.
- Jeweils einen Rahmen ohne Nüsse mit etwas Fülle bestreichen und einen Rahmen mit Nüssen draufsetzen.

Biskuitecken

MIT ORANGENGESCHMACK

Zutaten für ca. 50 Stück

3 Eidotter
2 Eier
80 g Feinkristallzucker
abgeriebene Schale
von ½ Bio-Orange
70 g glattes Mehl
20 g Maisstärke
30 g Mandeln (gerieben)

3 EL Orangenmarmelade
zum Füllen
100 g Zartbitterschokolade (70 %)
zum Tunken

Zubereitung

- Dotter, Eier, Zucker und Orangenschale miteinander verrühren und etwa 7 Minuten kräftig über Dampf aufschlagen, danach so lange weiterschlagen, bis die Masse vollständig ausgekühlt und cremig-fest ist.
- Mehl und Maisstärke über die Eiermasse sieben, Mandeln zugeben und vorsichtig unterheben.
- Die Masse auf ein mit Backpapier ausgelegtes Backblech streichen und im auf 200 °C Ober-/Unterhitze vorgeheizten Backofen auf mittlerer Schiene etwa 10 Minuten goldgelb backen.
- Das Biskuit etwas überkühlen lassen, dann vom Papier lösen und vollständig erkalten lassen.
- Das Biskuit halbieren, eine Hälfte mit Marmelade bestreichen, dann die zweite Hälfte draufsetzen, etwas festdrücken und 1 Stunde anziehen lassen.
- Dann mit einem scharfen Messer in Rauten schneiden, Schokolade schmelzen und die Rauten schräg darin tunken, auf Backpapier trocknen lassen.

Mohnherzen

Zutaten für 30–35 Stück

TEIG

280 g glattes Mehl
140 g Mohn (gemahlen)
180 g Butter
140 g Staubzucker
4 EL Wasser

Brombeermarmelade
(oder beliebige andere Marmelade)
weiße Kuvertüre zum Tunken
Silberperlen zum Verzieren

Zubereitung

- Mehl mit Mohn mischen, die restlichen Teigzutaten zugeben und alles glatt verkneten, den Teig ca. 45 Minuten im Kühlschrank rasten lassen.
- Nach der Teigruhe ca. 3 mm dick ausrollen und Herzen ausstechen, auf ein mit Backpapier belegtes Blech legen.
- Die Kekse im auf 160 °C Umluft vorgeheizten Backofen ca. 12 Minuten backen und auskühlen lassen.
- Je zwei Herzen mit Marmelade zusammensetzen und mindestens 3 Stunden anziehen lassen.
- Die Herzen zur Hälfte in über einem Wasserbad geschmolzene Kuvertüre tunken und je eine Silberperle draufsetzen.

Zusätzlich können Sie die weiße Glasur mit einer feinen Linie dunkler Schokoladenglasur abgrenzen.

Nussglocken mit Nougatfülle

Zutaten für ca. 40 Stück

TEIG

200 g weiche Butter
150 g Staubzucker
1 Ei
1 EL Obers (Sahne)
350 g glattes Mehl
1 Prise Salz
50 g Haselnüsse (gemahlen)

FÜLLE

150 g Nougat
2 EL Obers
1 Prise Zimt

ca. 200 g Schokoladenglasur 10:1 (siehe S. 109)
Marzipan-Rohmasse oder Haselnusshälften zum Dekorieren

Zubereitung

- Für den Teig die Butter mit dem gesiebten Staubzucker schaumig schlagen, das Ei und das Obers unterrühren, danach die restlichen Zutaten hinzufügen und rasch verkneten, den Teig in Frischhaltefolie wickeln und ca. 60 Minuten im Kühlschrank rasten lassen.
- Den Teig auf einer bemehlten Arbeitsfläche ca. 3 mm dick ausrollen und mit einem Ausstecher Glocken ausstechen, diese auf mit Backpapier ausgelegte Backbleche legen.
- Die Kekse im auf 160 °C Umluft vorgeheizten Backofen ca. 13 Minuten backen.
- Für die Fülle das Nougat in kleine Würfel schneiden und mit dem Obers und dem Zimt über einem heißen Wasserbad schmelzen.
- Die Kekse aus dem Ofen nehmen, auskühlen lassen, dann mit der Fülle bestreichen und jeweils zwei Glocken zusammensetzen, etwa 2 Stunden anziehen lassen.
- Die Glasur wie auf S. 109 beschrieben zubereiten und damit die Kekse glasieren.
- Zur Dekoration entweder aus ausgerolltem Marzipan ausgestochene kleine Glöckchen oder Haselnusshälften auf die Kekse legen, bevor die Glasur fest wird.

Kakaoringe

Zutaten für 30–40 Stück

TEIG
150 g zimmerwarme Butter
125 g Staubzucker
1 Ei
Zimt (gemahlen)
Salz
200 g glattes Mehl
2 EL Kakaopulver
1 P. Vanillezucker

5–6 EL Erdbeermarmelade

GLASUR
Vollmilch-Schokoladenglasur
(siehe S. 109)
Streudekor

Zubereitung

- Butter, Staubzucker und Ei mit dem Handmixer schaumig schlagen, je 1 Prise Zimt und Salz dazugeben, Mehl und Kakaopulver versieben und unter die Masse rühren.
- Den Teig in einen Spritzsack füllen und mit einer Sterntülle (Nr. 6) kleine Ringe auf ein mit Backpapier belegtes Blech dressieren, diese im vorgeheizten Backofen bei 160 °C Umluft ca. 10 Minuten backen.
- Danach auskühlen lassen, jeweils zwei Ringerln mit Marmelade zusammensetzen und einige Stunden anziehen lassen.
- Die Ringe zur Hälfte in die Schokoladenglasur eintunken und mit beliebigem Dekor bestreuen.

Marillenkonfekt

Zutaten für 30–35 Kugeln

200 g getrocknete Marillen
100 g Kokosette (feine Kokosraspel)
2 TL abgeriebene Schale
von einer Bio-Orange
etwas Staubzucker
10 ml Marillen- oder Kokoslikör
etwas Orangensaft

Kokosette zum Wälzen

Zubereitung

- Die getrockneten Marillen mit den Kokosraspeln faschieren (in einem Cutter oder mit dem Fleischwolf), abgeriebene Orangenschale, Staubzucker und Likör zugeben, danach so viel Orangensaft beifügen, dass die Masse gut formbar ist, die Masse über Nacht kühl stellen.
- Am nächsten Tag gleichmäßige Kugeln formen und diese in Kokosette wälzen (dazu am besten Kokosette in einen Gefrierbeutel geben, einige Kugeln hineingeben und den Gefrierbeutel vorsichtig hin und her bewegen).
- Die fertigen Kugeln in Konfektkapseln setzen.

Wenn Sie statt Kugeln lieber Würfel haben möchten, können Sie die Masse ca. 1,5–2 cm dick auf ein mit Backpapier belegtes Brett streichen, mit Backpapier belegen und mit einem zweiten Brett beschweren, über Nacht kühl stellen und danach in gleichmäßige Würfel schneiden.

Gedrehte Nussstangerln

AUS ZWEIERLEI TEIG

Zutaten für 50–55 Stück

MÜRBTEIG
300 g glattes Mehl
100 g Zucker
2 TL Vanillezucker
200 g Butter
1 Ei

1 Rolle Blätterteig

FÜLLE
ca. 200 g Nussfülle (siehe S. 108)

GLASUR
ca. 200 g Zucker- oder Zitronenglasur (siehe S. 109)

Zubereitung

- Aus allen Teigzutaten einen Mürbteig herstellen und auf die Größe des Blätterteiges ausrollen.
- Die Nussfülle wie auf S. 108 beschrieben zubereiten.
- Die Nussfülle auf dem Mürbteig gleichmäßig verstreichen und mit dem Blätterteig abdecken.
- Das gefüllte Teigstück in Streifen schneiden (ca. 1,5 x 10 cm), diese jeweils an beiden Enden fassen, in entgegengesetzte Richtung eindrehen und auf ein mit Backpapier belegtes Backblech legen.
- Im auf 200 °C Umluft vorgeheizten Backofen ca. 15 Minuten backen.
- Die Glasur wie auf S. 109 beschrieben zubereiten und die noch heißen Stangerln damit bestreichen.

Schokoladenherzen

Zutaten für 45–50 Stück

120 g Schokolade
300 g glattes Mehl
110 g Staubzucker
200 g Butter
2 Eidotter (Eigelb)
1 Prise Salz

Erdbeermarmelade zum Zusammensetzen
ca. 200 g weiße Schokolade zum Tunken
dunkle Schokolade zum Verzieren

Zubereitung

- Schokolade über einem Wasserbad schmelzen und wieder abkühlen lassen, die noch flüssige Schokolade mit den übrigen Zutaten zu einem Teig verkneten.
- Den Teig ca. 2 mm dick ausrollen, daraus Herzen ausstechen und diese auf ein mit Backpapier belegtes Backblech legen, im auf ca. 160 °C Umluft vorgeheizten Backofen 12 Minuten backen.
- Je zwei ausgekühlte Kekse mit Erdbeermarmelade zusammensetzen, mindestens 3 Stunden anziehen lassen, sonst verrutschen sie beim Tunken.
- Weiße Schokolade über einem Wasserbad schmelzen, die zusammengesetzten Kekse darin zur Hälfte tunken und mit geschmolzener dunkler Schokolade Fäden aufspritzen (das klappt am besten mit einem Papierstanitzel, siehe S. 51).

Kürbiskern-Biskotten

Zutaten für ca. 25 Stück

70 g kalte Butter
70 g Universalmehl
70 g Staubzucker
35 g Haselnüsse (gerieben)
35 g Kürbiskerne (gerieben)
1 Eidotter

beliebige Marmelade zum Zusammensetzen
ca. 150 g weiße Kuvertüre zum Tunken
Kürbiskerne (gerieben) zum Verzieren

Zubereitung

- Die Butter in Stücke schneiden und mit den übrigen Teigzutaten rasch zu einem geschmeidigen Teig verkneten, diesen in Frischhaltefolie gewickelt 60 Minuten im Kühlschrank rasten lassen.
- Den Teig ca. 2,5 mm dick ausrollen und Biskotten ausstechen, diese auf ein mit Backpapier belegtes Backblech legen und im auf 150–160 °C Umluft vorgeheizten Backofen ca. 13 Minuten backen, danach auskühlen lassen.
- Jeweils 2 Biskotten mit Marmelade zusammensetzen und einige Stunden anziehen lassen.
- Die Kuvertüre über einem Wasserbad langsam schmelzen, ein Ende der Biskotten schräg eintunken, Biskotten auf Backpapier legen und mit geriebenen Kürbiskernen verzieren.

Orangen-Marzipan-Kekse

Zutaten für ca. 30 Stück

TEIG

130 g glattes Mehl
100 g kalte Butter
50 g Staubzucker (gesiebt)
25 g kandierte, getrocknete, fein gemahlene Orangenschalen (erhältlich im Reformhaus)
1 Eidotter
75 g geschälte Mandeln (gemahlen)
1 P. Vanillezucker
1 TL abgeriebene Schale von einer Bio-Orange
1 Prise Salz

FÜLLE

80 g Marzipan-Rohmasse
60 g Orangenmarmelade

200 g Vollmilch-Schokoladenglasur (siehe S. 109)
Orangeat (klein gewürfelt) zum Verzieren

Zubereitung

- Alle Teigzutaten rasch verkneten, den Teig in Frischhaltefolie wickeln und ca. 2 Stunden im Kühlschrank rasten lassen, danach ca. 2 mm dick ausrollen.
- Mit einem beliebigen Ausstecher Kekse ausstechen und diese auf mit Backpapier ausgelegte Backbleche setzen, im auf 160 °C Umluft vorgeheizten Backofen ca. 10 Minuten backen.
- Für die Fülle das Marzipan mit der Marmelade mit dem Stabmixer mixen, damit jeweils zwei Kekse zusammensetzen, mindestens 3 Stunden anziehen lassen.
- Danach die Kekse zur Hälfte in die geschmolzene Schokolade tunken und je mit einem kleinen Aranzinistückchen verzieren.

Pistazienkipferln

Zutaten für ca. 80–90 Stück

250 g glattes Mehl
200 g kalte Butter
100 g Staubzucker
1 P. Vanillezucker
1 Prise Salz
1 Ei
50 g Mandeln (gerieben)
80 g Pistazien (gerieben)

3 EL Staubzucker
2 EL Pistazien (gerieben)

Zubereitung

- Mehl sieben, Butter klein schneiden und zugeben, die restlichen Teigzutaten hinzufügen und alles zu einem geschmeidigen Teig verkneten, in Frischhaltefolie wickeln und ca. 1 Stunde im Kühlschrank rasten lassen.
- Aus einem Drittel des Teiges (restlichen Teig in der Zwischenzeit im Kühlschrank lassen) auf einer bemehlten Arbeitsfläche eine Rolle (etwa 3 cm Ø) formen, davon etwa 2 cm lange Stücke abschneiden und diese zu Kipferln formen, auf ein mit Backpapier ausgelegtes Backblech setzen im auf 180 °C Ober- und Unterhitze vorgeheizten Backofen auf mittlerer Schiene etwa 14 Minuten backen.
- Die ausgekühlten Kipferln in einer Mischung aus gesiebtem Staubzucker und geriebenen Pistazien wälzen.

Anstatt der Pistazien können Sie auch geriebene Kürbiskerne verwenden.

„Kometenkekse“

Zutaten für ca. 40 Stück

360 g glattes Mehl
260 g kalte Butter
140 g Staubzucker
140 g Mandeln (gerieben)
1 Prise Zimt
1 Eidotter (Eigelb)

Himbeer- oder beliebige andere Marmelade zum Zusammensetzen
dunkle Kuvertüre zum Verzieren
Backzucker zum Wälzen

Zubereitung

- Das Mehl mit der kalten Butter rasch abbröseln, die restlichen Zutaten zügig einkneten und den Teig gleich weiterverarbeiten (ohne Rastzeit!).
- Mit einem runden, gerillten Ausstecher Scheiben ausstechen, bei der Hälfte der Scheiben zusätzlich innen einen kleinen Kometen (oder auch ein anderes kleines Motiv) ausstechen, die Keksrohlinge auf ein mit Backpapier belegtes Backblech legen.
- Im auf 160 °C Umluft vorgeheizten Backofen ca. 12 Minuten backen.
- Nach dem Auskühlen mit Marmelade zusammensetzen und am gerillten Rand der Scheiben kleine Punkte mit geschmolzener Kuvertüre aufspritzen, die Kekse einige Stunden anziehen lassen und danach in Backzucker wälzen.

Tannenbäumchen

MIT EIERLIKÖRCREME

Zutaten für 40–45 Stück

TEIG

300 g glattes Mehl
110 g Staubzucker
200 g Butter
2 Eidotter
120 g geriebene Schokolade
1 Prise Salz

FÜLLE

ca. 200 g Eierlikörcreme (siehe S. 108)
1 EL Staubzucker

ca. 200 g weiße Schokoladenglasur (siehe S. 109)
grüne Lebensmittelfarbe

Zubereitung

- Für den Teig alle Zutaten verkneten, zu einer Kugel formen, in Frischhaltefolie wickeln und ca. 40 Minuten im Kühlschrank rasten lassen.
- Den Teig auf einer bemehlten Arbeitsfläche sehr dünn ausrollen (ca. 2,5 mm) und Bäumchen ausstechen, diese auf ein mit Backpapier ausgelegtes Blech setzen und im auf 150 °C Umluft vorgeheizten Backofen 8–9 Minuten backen, herausnehmen und auskühlen lassen.
- Für die Fülle die Eierlikörcreme wie auf S. 108 beschrieben zubereiten, jeweils zwei Kekse damit zusammensetzen und ca. 2 Stunden anziehen lassen.
- Die weiße Schokoladenglasur wie auf S. 109 beschrieben zubereiten und die Kekse halbseitig in die Glasur tunken.
- Die übrig gebliebene Schokoladenglasur mit ganz wenig grüner Lebensmittelfarbe einfärben, damit die Bäumchen nach Belieben verzieren.

Kokosröllchen

Zutaten für ca. 32 Stück

TEIG

100 g glattes Mehl
60 g kalte Butter
25 g Topfen
abgeriebene Schale von ½ Bio-Zitrone

50 g brauner Zucker
1 P. Vanillezucker
½ TL Zimt
25 g Kokosette (Kokosraspel – oder geriebene Wal- oder Haselnüsse)

Zubereitung

- Gesiebtes Mehl, in kleine Stücke geschnittene Butter, glatt verrührten Topfen und Zitronenschale zugeben, rasch zu einem glatten Teig verkneten, diesen in Frischhaltefolie gewickelt etwa 2 Stunden im Kühlschrank rasten lassen.
- Etwa die Hälfte vom Teig aus dem Kühlschrank nehmen, den Rest bis zur weiteren Verarbeitung im Kühlschrank lassen.
- Zucker, Vanillezucker, Zimt und Kokosette (oder geriebene Nüsse) gut vermischen, etwa die Hälfte davon auf die Arbeitsfläche streuen.
- Den Teig darauf rund ausrollen (etwa 3 mm dick, 20 cm Ø), dabei den Teig einige Male wenden.
- Den ausgerollten Teig wie eine Torte in 16 Stücke teilen.
- Jedes Teigstück von der breiten Seite her wie ein Salzstangerl einrollen und auf ein mit Backpapier ausgelegtes Backblech setzen.
- Mit dem restlichen Teig und der restlichen Kokos-Zucker-Mischung ebenso fortfahren.
- Die Kokosröllchen im vorgeheizten Backofen bei 180 °C auf mittlerer Schiene etwa 14 Minuten backen.

In einer Dose kühl gelagert etwa 1 Woche haltbar.

Zimtsterne

Zutaten für ca. 20 Stück

TEIG

1 Eiklar (Eiweiß, von einem großen Ei)
50 g Staubzucker
180 g ungeschälte Mandeln (gemahlen)
1 TL Zimt

EISCHNEE

1 Eiklar (von einem kleinen Ei)
60 g Staubzucker (gesiebt)

Zubereitung

- Für den Teig das Eiklar zu halbsteifem Schnee schlagen, nach und nach den Staubzucker dazusieben und den Eischnee weiter schlagen, bis er ganz steif ist.
- Danach Mandeln und Zimt vorsichtig dazumischen und verkneten, Teig in Frischhaltefolie gewickelt über Nacht im Kühlschrank rasten lassen.
- Den Teig auf einer leicht mit Mandeln bestreuten Arbeitsfläche oder Backmatte ca. 8 mm dick ausrollen und Sterne ausstechen (damit der Teig nicht am Ausstecher kleben bleibt, diesen zwischendurch immer wieder in Staubzucker tauchen).
- Die ausgestochenen Sterne auf ein mit Backpapier belegtes Backblech legen.
- Für den Eischnee das Eiklar steif schlagen, dabei gegen Ende den gesiebten Puderzucker einrieseln lassen und immer weiterschlagen, bis der Eischnee recht fest ist.
- Den Eischnee mit einem Backpinsel (oder auch mit einem Holzstäbchen) vorsichtig und exakt auf die Sterne streichen.
- Die Zimtsterne im auf 100 °C Umluft vorgeheizten Backofen ca. 15 Minuten trocknen lassen (der Eischnee muss schön weiß bleiben, die Kekse können ruhig noch weich sein).

Rosa Engelchen

Zutaten für 25–30 Stück

200 g kalte Butter
300 g glattes Mehl
100 g Staubzucker
1 P. Vanillezucker
1 Eidotter (Eigelb)
3 EL Obers (Sahne)

125 g Marmelade zum Zusammensetzen
ca. 150 g weiße Schokoladenglasur (siehe S. 109)
rote Lebensmittelfarbe
Zuckerperlen zum Verzieren

Zubereitung

- Die Butter in Stücke schneiden und mit dem Mehl verbröseln, die übrigen Teigzutaten hinzufügen und rasch glatt verkneten, Teig zu einer Kugel formen, in Frischhaltefolie wickeln und 30 Minuten im Kühlschrank rasten lassen.
- Den Teig auf einer bemehlten Arbeitsfläche ca. 2,5 mm dick ausrollen und Engelchen (oder auch andere Motive) ausstechen, auf ein mit Backpapier ausgelegtes Backblech setzen und im vorgeheizten Backofen bei 140 °C Umluft ca. 10 Minuten backen.
- Die Kekse aus dem Ofen nehmen, auskühlen lassen, mit beliebiger Marmelade bestreichen, jeweils zwei Kekse zusammensetzen, einige Stunden anziehen lassen.
- Die Schokoladenglasur wie auf S. 109 beschrieben zubereiten, mit ganz wenig roter Lebensmittelfarbe mischen, damit ein rosa Farbton entsteht.
- Die Kekse zur Hälfte in die rosa Schokoglasur tunken und mit Zuckerperlen bestreuen.

Saftiger Honiglebkuchen

Zutaten für ca. 50 Stück

325 g Roggenmehl
ca. 10 g Lebkuchengewürz
100 g feiner brauner Zucker
2 Eier
240 g Honig
½ EL weiches Butterschmalz
½ TL Natron

1 Ei zum Bestreichen
Nüsse, Mandeln, Trockenfrüchte zum Verzieren

Zubereitung

- Mehl, Lebkuchengewürz und Zucker vermischen, dann die übrigen Teigzutaten hinzufügen und alles zu einem Teig verkneten (der Teig ist eher weich!).
- Den Teig mindestens einen, besser zwei Tage kühl rasten lassen.
- Den gekühlten Teig auf einer gut bemehlten Arbeitsfläche ca. 5–7 mm dick ausrollen und beliebige Formen ausstechen, auf ein mit Backpapier ausgelegtes Backblech legen und mit verquirltem Ei bestreichen.
- Die Lebkuchen mit Nüssen, Mandeln und/oder Trockenfrüchten verzieren und im auf 180 °C vorgeheizten Backofen auf der mittleren Schiene 7 Minuten goldgelb backen (die Lebkuchen sind an der Oberfläche noch weich und werden auch nach dem Erkalten nicht hart).

Falls gewünscht, können Sie die Lebkuchen in erkaltetem Zustand mit einer Schokoladen- oder Zuckerglasur verzieren bzw. glasieren – in diesem Fall ist es nicht nötig, die Lebkuchen vor dem Backen mit Ei zu bestreichen.

Rummonde

Zutaten für ca. 80 Stück

RÜHRTEIG
200 g Butter
140 g Staubzucker
1 P. Vanillezucker
140 g Kochschokolade
140 g glattes Mehl
140 g Walnüsse (gerieben)
7 Eiklar (Eiweiß)

GLASUR
200 g Staubzucker
2 cl Rum (= 1 kleines Stamperl)
bunte Streusel zum Bestreuen

Zubereitung

- Für den Teig Butter mit Staubzucker und Vanillezucker etwa 5 Minuten sehr schaumig rühren.
- Kochschokolade über einem Wasserbad langsam schmelzen und in den Butterabtrieb rühren.
- Mehl mit Walnüssen vermischen und ebenfalls untermengen, die Eiklar zu festem Schnee schlagen und diesen vorsichtig unter die Schokoladenmasse ziehen.
- Die Rührmasse gleichmäßig auf ein mit Backpapier ausgelegtes Backblech streichen und im auf 180 °C Ober-/Unterhitze vorgeheizten Backofen auf mittlerer Schiene etwa 20 Minuten backen, danach herausnehmen, etwas abkühlen lassen und samt Papier vom Blech auf eine Arbeitsfläche ziehen.
- Für die Glasur Staubzucker mit Rum glatt verrühren, bis die Glasur eine streichfähige Konsistenz hat, eventuell etwas Rum nachgeben.
- Die Glasur gleichmäßig auf den Teig streichen, etwas antrocknen lassen und mit bunten Streuseln bestreuen.
- Bevor die Glasur völlig erstarrt ist, vom Rand aus mit einem runden Ausstecher oder einem Glas Halbkreise abstechen und dann immer weiter Monde abstechen.

Mokkaschiffchen

Zutaten für ca. 100 Stück

160 g kalte Butter + 80 g Staubzucker
80 g Mandeln (fein gemahlen)
200 g glattes Mehl
1 P. Vanillezucker

CREME

100 g Staubzucker
20 g Kakaopulver
100 g weiche Butter
1 EL Instantkaffee

GLASUR

ca. 200 g Puderzucker
1 EL Instantkaffee
(mit wenig Wasser verrührt)
ca. 100 Schokolade-Kaffeebohnen

Zubereitung

- Alle Zutaten zu einem glatten Teig verarbeiten, zu einer Kugel formen, mit Frischhaltefolie abdecken und 30 Minuten im Kühlschrank rasten lassen.
- Den Teig auf einer bemehlten Arbeitsfläche ca. 2,5 mm dick ausrollen und Schiffchen (oder beliebige andere Formen) ausstechen.
- Die Kekse auf ein mit Backpapier ausgelegtes Backblech setzen und im vorgeheizten Backofen bei 160 °C ca. 10 Minuten backen.
- Für die Creme Staubzucker und Kakaopulver versieben, Butter dazugeben und schaumig rühren, das mit sehr wenig Wasser verrührte Kaffeepulver langsam dazugeben und mixen.
- Jeweils 2 Kekse mit der Creme zusammensetzen und danach ca. 2 Stunden anziehen lassen.
- Für die Glasur Puderzucker mit so viel aufgelöstem Instantkaffee vermischen, bis eine dickflüssige Masse entsteht, die Kekse mit der Glasur überziehen und mit einer Schokolade-Kaffeebohne verzieren.

Wenn man zur Glasur 1 TL Milch gibt, glänzt sie schön.

Marmeladen-Häppchen

Zutaten für etwa 35 Stück

TEIG

150 g mehlige Kartoffeln
60 g zimmerwarme Butter
50 g Backzucker
1 P. Vanillezucker
1 Prise Salz
1 Ei
abgeriebene Schale
von 1 Bio-Zitrone
150 g glattes Mehl
1 TL Backpulver

80 g Erdbeermarmelade

1 Eidotter
1 EL Milch
2 EL Hagelzucker

Zubereitung

- Kartoffeln weich kochen, abseihen, schälen und noch warm durch die Kartoffelpresse drücken. Butter, Zucker, Vanillezucker und Salz mit dem Handmixer cremig rühren.
- Ei, passierte Erdäpfel sowie Zitronenabrieb zugeben und gut verrühren.
- Mehl mit Backpulver dazusieben und alles verkneten, Teig in Frischhaltefolie gewickelt 30 Minuten kühl rasten lassen.
- Hälfte des Teiges aus dem Kühlschrank nehmen, auf einer bemehlten Arbeitsfläche 5 mm dick ausrollen, mit einem Teigrad 5 x 5 cm große Vierecke ausradeln.
- Je einen Marmeladeklecks in die Mitte der Vierecke setzen, diese diagonal zu Dreiecken zusammenklappen (oder zwei gegenüberliegende Ecken in der Mitte zusammenklappen), auf ein mit Backpapier ausgelegtes Backblech setzen.
- Mit dem mit Milch verquirlten Eidotter bestreichen und mit Hagelzucker bestreuen. Die zweite Teighälfte ebenso verarbeiten.
- Die Marmeladen-Häppchen im vorgeheizten Backofen bei 180 °C Umluft auf mittlerer Schiene ca. 14 Minuten backen.

Spritzgebäck-Kipferln

Zutaten für 60–65 Stück

TEIG

250 g weiche Butter
80 g Staubzucker
½ P. Vanillezucker
1 Prise Salz
1 Ei
310 g glattes Mehl

100 g Marmelade zum Zusammensetzen
Vollmilch-Kuvertüre zum Tunken
Schokoblättchen zum Verzieren

Zubereitung

- Für den Teig die weiche Butter mit dem gesiebten Staubzucker, dem Vanillezucker und dem Salz sehr cremig rühren.
- Dann das Ei unterrühren und zum Schluss vorschichtig das Mehl mit einem Kochlöffel unterheben.
- Den Teig in einen Spritzsack mit Sterntülle (Nr. 7) füllen. Kleine Kipferln auf ein mit Backpapier belegtes Blech dressieren und im auf 160 °C Umluft vorgeheizten Backofen 10–12 Minuten hell backen.
- Auskühlen lassen und die Kipferln dann mit Marmelade zusammensetzen, einige Stunden anziehen lassen, erst dann die Kipferlspitzen in die über einem Wasserbad geschmolzene Kuvertüre tunken und die getunkten Spitzen gleich danach mit Schokoblättchen bestreuen.

Zimtecken

Zutaten für ca. 50 Stück

400 g glattes Mehl
300 g kalte Butter
3 Eidotter (Eigelb)
1 Prise Salz
100 g Staubzucker
2 EL Zimt

1 Ei zum Bestreichen
50 g Staubzucker zum Bestreuen

Zubereitung

- Gesiebtes Mehl, Butter, Eidotter, Salz, Staubzucker und Zimt rasch zu einem glatten Teig verkneten, den Teig zu einer Kugel formen, die Kugel flach drücken, in Frischhaltefolie wickeln und etwa 1 Stunde im Kühlschrank rasten lassen.
- Danach den Teig auf einer bemehlten Arbeitsfläche fingerdick zu einem Rechteck (etwa 23 x 23 cm) ausrollen.
- Das Ei verquirlen, den Teig damit bestreichen und mit dem Staubzucker bestreuen.
- Den Teig mit einem Messer in kleine Quadrate (etwa 3 x 3 cm) schneiden, die Ecken auf ein mit Backpapier ausgelegtes Backblech setzen und im auf 180 °C Ober-/Unterhitze vorgeheizten Backofen auf mittlerer Schiene etwa 15 Minuten backen, die fertigen Ecken herausnehmen und vollständig auskühlen lassen.

Kühl und trocken gelagert sind die Zimtecken etwa 4 Wochen haltbar.

Mokkawürfel & Kokoswürfel

Zutaten für ca. 24 bzw. 48 Stück

BISKUIT

280 g weiche Butter
280 g Zucker
1 P. Vanillezucker
1 Prise Kurkuma
1 Prise Salz
2 Eidotter (Eigelb)
4 Eier
280 g glattes Mehl

Mokkawürfel

CREME

100 g Staubzucker
1 TL Vanillezucker
80 g weiche Butter
1 TL Instantkaffee
50 g geriebene Haselnüsse

GLASUR

1 EL heißes Wasser
1 EL weiche Butter
1 TL Instantkaffee
90 g Staubzucker

Schoko-Kaffeebohnen zum Verzieren

Kokoswürfel

100 g Erdbeermarmelade
4 Eiklar (Eiweiß)
200 g Zucker
140 g Kokosraspel

Zubereitung

- Für das Biskuit Butter mit Zucker, Vanillezucker, Kurkuma und Salz mit einem Handmixer sehr cremig schlagen, dann nach und nach Dotter, Eier und schließlich das Mehl löffelweise einrühren.
- Den Teig auf ein mit Backpapier ausgelegtes Backblech gleichmäßig dick aufstreichen und im vorgeheizten Backofen bei 180 °C auf mittlerer Schiene etwa 20 Minuten hell backen.
- Das fertige Biskuit herausnehmen, auskühlen lassen und halbieren.
- Für die Mokkawürfel die Creme bereiten, dazu Staubzucker sieben, mit Vanillezucker und Butter 4 Minuten schaumig rühren, dann Instantkaffee und Haselnüsse unterrühren.
- Die eine Hälfte des Biskuits noch einmal halbieren, den Viertelteil mit Creme bestreichen, das zweite Viertel daraufsetzen.
- Für die Glasur Wasser, Butter und Instantkaffee miteinander verrühren, bis sich der Kaffee aufgelöst hat, dann diese Mischung mit dem gesiebten Staubzucker glatt rühren, die Oberfläche des mit Creme gefüllten Biskuits damit glasieren und in etwa 2 cm große Würfel schneiden, die Hälfte der Würfel mit einer Schoko-Kaffeebohne dekorieren und trocknen lassen.
- Für die Kokoswürfel die andere Hälfte vom Biskuit mit der Marmelade bestreichen.
- Eiklar mit einem Handmixer schaumig aufschlagen, den Zucker einrieseln lassen und zu sehr festem Schnee schlagen.
- Die Kokosraspel unter den Eischnee heben und die Kokosmasse mit einer Teigkarte gleichmäßig dick auf das mit Marmelade bestrichene Biskuit aufstreichen, dann im auf 160 °C vorgeheizten Backofen auf mittlerer Schiene etwa 15 Minuten backen, herausnehmen, überkühlen lassen und noch warm in etwa 2 cm große Würfel schneiden.

Die Würfel halten im Kühlschrank aufbewahrt etwa 7 Tage.

Schneeflocken

Zutaten für ca. 45 Stück

MÜRBTEIG
180 g Butter
280 g glattes Mehl
80 g Staubzucker
1 Prise Salz
1 P. Vanillezucker
2 Eidotter (Eigelb)

etwas Mehl für die Arbeitsfläche

FÜLLE
100 g Nougatcreme
50 g zerlassene Schokolade

weiße Kuvertüre zum Verzieren
ein paar Tropfen gelbe Lebensmittelfarbe

Zubereitung

- Für den Mürbteig die Butter klein schneiden und mit dem Mehl verbröseln, die restlichen Teigzutaten dazugeben und rasch zu einem glatten Teig verarbeiten, zu einer Teigkugel formen und in Folie gewickelt ca. 60 Minuten im Kühlschrank rasten lassen.
- Den Teig auf einer bemehlten Arbeitsfläche ca. 3 mm dick ausrollen, Schneeflocken oder andere Motive ausstechen und auf ein mit Backpapier ausgelegtes Backblech setzen, im vorgeheizten Backofen bei 150 °C Umluft ca. 10 Minuten backen.
- Die Nougatcreme mit der zerlassenen, lauwarm abgekühlten Schokolade vermengen, je eine Schneeflocke damit bestreichen und eine zweite daraufsetzen.
- Die Kuvertüre über einem Wasserbad langsam schmelzen, ein paar Tropfen Lebensmittelfarbe dazugeben und gut verrühren, in ein kleines Stanitzel aus Backpapier füllen (siehe Fotos S. 51), ein kleines Loch in die Spitze schneiden und die Schneeflocken verzieren.

Die Eiklar (Eiweiß) können Sie für andere Kekse, z. B. für die „Wind-Blümchen" auf S. 54 oder die Kokoswürfel auf S. 84 verwenden.

Eiskonfekt

Zutaten für 30–40 Stück

160 g Kokosfett (z. B. Ceres)
300 g Staubzucker
30 g ungesüßtes Kakaopulver
20 g glattes Mehl

Zubereitung

- Kokosfett über Dampf schmelzen, Staubzucker und Kakaopulver zufügen, zuletzt das Mehl vorsichtig unterziehen.
- Die Masse noch warm in kleine, unbefettete Pralinenförmchen füllen, kalt stellen und fest werden lassen.
- Die fertigen Eiskonfekt-Figuren vorsichtig aus den Formen lösen und kühl aufbewahren.

Silikonformen, die eigens für Schokoladenkonfekt gemacht sind, erleichtern das Herauslösen aus der Form. Wer keine Förmchen besitzt, kann die Schokoladenmasse auch in kleine Alu-Konfektkapseln einfüllen, fest werden lassen und direkt in den Konfektkapseln servieren!

Anisbögen

Zutaten für 40–45 Stück

4 Eier
200 g Kristallzucker
200 g glattes Mehl

Butter für das Backblech
Anis zum Bestreuen

Zubereitung

- Die Eier mit dem Kristallzucker schaumig schlagen, dann das Mehl mit der Schneerute unterheben.
- Danach ein Backblech mit Butter befetten, mit einem Teelöffel kleine Häufchen der Masse auf dem Blech platzieren und mit Anis bestreuen.
- ACHTUNG: nicht die ganze Biskuitmasse auf einmal verarbeiten, sondern in 3 oder 4 Etappen arbeiten.
- Im vorgeheizten Backofen bei 160 °C Ober-/Unterhitze einige Minuten backen, bis die Ränder goldbraun sind.
- Dann ein Stück nach dem anderen vom Blech lösen und in einem kleinen Schnapsglas in Form bringen.

Das Formen muss schnell gehen und die Biskuitscheiben müssen noch heiß sein, sonst zerbrechen sie beim Formen. Daher das Backblech nicht aus dem Ofen nehmen, bis nicht alle Scheiben in Form gebracht wurden. Man kann die Biskuitscheiben auch über einen Kochlöffelstiel biegen.

Erdbeer-Marzipan-Lebkuchen

Zutaten für ca. 25 Stück

TEIG
Rezept siehe Honiglebkuchen S. 78

FÜLLE
ca. 5 EL Erdbeermarmelade
100 g Marzipan

VERZIERUNG
ca. 200 g Schokoladenglasur
(siehe Rezept auf S. 109)
60 g getrocknete Erdbeerstückchen
(fein gehackt)

Zubereitung

- Den Lebkuchenteig wie auf S. 78 beschrieben zubereiten und rasten lassen.
- Am Tag der Zubereitung die Marmelade fein passieren und mit dem weichen Marzipan gut verrühren, danach etwas ziehen lassen.
- Den Lebkuchenteig ca. 5 mm dick ausrollen, beliebige Formen ausstechen und im auf 180 °C vorgeheizten Backofen auf der mittleren Schiene 7 Minuten goldgelb backen.
- Nach dem Erkalten jeweils 2 Kekse mit der Erdbeer-Marzipan-Fülle bestreichen, zusammensetzen und über Nacht anziehen lassen.
- Die Schokoladenglasur wie auf S. 109 beschrieben zubereiten und die gefüllten Lebkuchen damit glasieren, mit getrockneten Erdbeerstückchen verzieren.

Statt der getrockneten Erdbeerstückchen können Sie auch andere getrocknete Früchte verwenden (z. B. Orangeat oder Datteln). Wenn Sie getrocknete Marillen (Aprikosen) oder Dörrzwetschken (Dörrpflaumen) verwenden, dann sollten Sie die Fülle auch mit der entsprechenden Marmelade zubereiten.

Vanille-Pölsterchen

Zutaten für ca. 80 Stück

TEIG

250 g glattes Mehl
1 P. Vanillepuddingpulver
50 g brauner Zucker
200 g weiche Butter
1 P. Bourbon-Vanillezucker
1 Prise Salz

ZUM WÄLZEN

100 g Staubzucker
2 P. Bourbon-Vanillezucker

Zubereitung

- Für den Teig das Mehl mit dem Puddingpulver vermischen und in eine Rührschüssel sieben, die restlichen Teigzutaten dazugeben und gut verkneten.
- Den Teig in Frischhaltefolie wickeln und etwa 40 Minuten im Kühlschrank rasten lassen, danach auf einer bemehlten Arbeitsfläche ca. 5 mm dick ausrollen und mit dem Teigrad in kleine Quadrate schneiden.
- Diese auf ein mit Backpapier ausgelegtes Backblech legen und im auf 160 °C Umluft vorgeheizten Backofen ca. 10–12 Minuten backen.
- Den Staubzucker sieben, mit dem Vanillezucker vermischen, die noch heißen Kekse im Staubzucker-Vanillezucker-Gemisch wälzen.

Die Vanille-Pölsterchen sind in gut schließenden Dosen ca. 3 Wochen haltbar.

Helle Rumkugeln

MIT MANDELKERN

Zutaten für 25–30 Stück

125 ml Obers
350 g weiße Schokolade
120 g Mandeln (gemahlen)
2 EL Rumaroma (in kleinen Fläschchen im Lebensmittelhandel erhältlich)

25–30 ganze, geschälte Mandeln
bunte Streusel (oder Kokosraspeln) zum Wälzen

Zubereitung

- Das Obers erhitzen und über die gehackte weiße Schokolade gießen, die gemahlenen Mandeln unterheben und das Rumaroma hinzufügen, umrühren und die Masse 2–3 Stunden in den Kühlschrank stellen.
- Wenn die Masse stichfest ist, kleine Kugeln daraus formen und in jede Kugel eine Mandel stecken.
- Zum Schluss die Kugeln in bunten Streuseln (oder Kokosraspeln) wälzen.

Bratapfelkekse

Zutaten für ca. 15 Stück

TEIG

240 g glattes Mehl
½ TL Backpulver
75 g Staubzucker
1 Prise Salz
115 g kalte Butter
2 Eier

FÜLLE

250 g säuerliche Äpfel
Saft und abgeriebene Schale von ½ Bio-Zitrone
80 g Gelierzucker
½ P. Vanillezucker
1 EL Rosinen
1 EL Mandeln (gerieben)
1 EL Apfelsaft
1 Zimtstange
1 Stk. Sternanis

1 Ei zum Bestreichen

Zubereitung

- Für den Teig Mehl mit Backpulver und Staubzucker versieben, salzen, die kalte Butter in kleine Stücke schneiden und rasch mit dem Mehl mit den Händen verbröseln, die Eier nach und nach zugeben und gut zu einem glatten Teig verkneten.
- Den Teig zu einer Rolle mit etwa 3 cm Ø formen, in Frischhaltefolie wickeln und mindestens 30 Minuten kühl rasten lassen.
- Für die Fülle Äpfel schälen, Kerngehäuse entfernen und das Fruchtfleisch kleinwürfelig schneiden, mit den restlichen Zutaten in einem kleinen Topf verrühren und etwa 5 Minuten köcheln, dann vom Herd nehmen, Zimtstange und Sternanis entfernen, auskühlen lassen.
- Die Teigrolle aus dem Kühlschrank nehmen und auf einer bemehlten Arbeitsfläche etwa 5 mm dicke Scheiben abschneiden (das Messer immer wieder in Mehl tauchen, damit es nicht klebt).
- Jeweils ½ Teelöffel von der Fülle auf die Hälfte der Teigscheiben setzen.
- Den Rand der Teigscheiben mit versprudeltem Ei bestreichen, dann eine zweite Teigscheibe daraufsetzten, den Rand mit den Fingern fest zusammendrücken und die gefüllten Scheiben auf ein mit Backpapier ausgelegtes Backblech setzen, mit dem restlichen versprudelten Ei bestreichen.
- Die Bratapfelkekse im vorgeheizten Backofen bei 180 °C auf mittlerer Schiene etwa 15 Minuten goldbraun backen.

Kühl und trocken gelagert halten sich die Kekse etwa 2 Wochen.

Demelsterne

Zutaten für ca. 50 Stück

110 g Staubzucker
180 g weiche Butter
1 Ei
1 Prise Salz
70 g geschälte Mandeln (gerieben)
220 g glattes Mehl

150 g Cocktailkirschen

Zubereitung

- Den gesiebten Staubzucker und die Butter mit dem Handmixer schaumig rühren, dann das Ei und das Salz beifügen und unterrühren, die geriebenen Mandeln und das gesiebte Mehl unterheben.
- Die Masse in einen Dressiersack mit großer Sterntülle (16 mm) füllen und auf ein mit Backpapier ausgelegtes Backblech im Abstand von ca. 2 cm etwa 50 Sterne (3 cm Ø) spritzen.
- Die Kirschen vierteln und jeweils in die Mitte jedes Kekses eine Stück setzen, dann im vorgeheizten Backofen bei 190 °C auf mittlerer Schiene etwa 10 Minuten goldgelb backen, anschließend auskühlen lassen.

Falls gewünscht, kann man die Demelsterne mit einer Glasur aus 200 g Staubzucker, 1 TL Vanillezucker und 4 EL Rum glasieren. Die Sterne sind kühl und trocken gelagert etwa 3 Wochen haltbar.

Mandelkrapferln
MIT SCHOKOLADENGLASUR

Zutaten für ca. 50 Stück

TEIG

200 g glattes Mehl
100 g Staubzucker
100 g Mandeln (gemahlen)
200 g Butter
1 Prise Salz

FÜLLE

ca. 200 g beliebige Marmelade oder Fülle (siehe S. 108)

GLASUR

200 g Schokoladenglasur (siehe S. 109)

Mandelstifte zum Verzieren

Zubereitung

- Für den Teig Mehl und Zucker durchsieben und mit den gemahlenen Mandeln vermengen.
- Die in kleine Stückchen geschnittene Butter dazugeben und rasch verkneten, den Teig in Frischhaltefolie wickeln und 30 Minuten im Kühlschrank rasten lassen.
- Danach auf einer bemehlten Arbeitsfläche ca. 2 mm dick ausrollen und mit einem beliebigen Ausstecher Kekse ausstechen, diese auf mit Backpapier ausgelegte Backbleche legen und im auf 150 °C Umluft vorgeheizten Backofen ca. 8 Minuten backen.
- Die Kekse vollständig auskühlen lassen und dann jeweils 2 Stück mit Marmelade oder Fülle zusammensetzen, einige Stunden anziehen lassen.
- Dann die Oberseite der Kekse in die geschmolzene Schokoladenglasur tunken und mit Mandelstiften verzieren.

Dinkel-Kokos-Kometen

Zutaten für ca. 150 Stück

TEIG

240 g feines Dinkelmehl (nicht Vollkorn)
120 g Butter
80 g brauner Zucker
2–3 EL geröstete Kokosflocken
½ TL Backpulver
1 Ei
1 TL abgeriebene Schale von einer Bio-Zitrone
10–15 g Lebkuchengewürz
2–3 EL Milch

weiße Schokoladenglasur (oder Zuckerglasur, siehe S. 109)
Silberstreusel oder bunte Streusel

Zubereitung

- Aus den angegebenen Teigzutaten einen Mürbteig bereiten (die Milch macht den Teig geschmeidiger).
- Den Mürbteig in zwei Teile teilen, jeden Teil in Frischhaltefolie eingewickelt im Kühlschrank ca. 1 Stunde rasten lassen.
- Dann den Teig zwischen zwei Bögen Butterpapier ca. 3 mm dick ausrollen und beliebige Formen ausstechen.
- Die Kekse im auf 180 °C Ober-/Unterhitze vorgeheizten Backofen ca. 10 Minuten backen, auskühlen lassen.
- Die Glasur wie auf S. 109 beschrieben zubereiten (die Zuckerglasur können Sie nach Belieben mit etwas Sirup oder Lebensmittelfarbe einfärben).
- Die Kekse glasieren und nach Belieben mit Streuseln oder anderem Dekor verzieren, zum Abtropfen auf ein Gitter setzen.

Knusperkekse

MIT BRAUNZUCKER UND MARMELADE

Zutaten für 40–45 Stück

TEIG

240 g Butter
350 g glattes Mehl
80 g Staubzucker
etwas abgeriebene Zitronenschale
2 Eidotter (Eigelb)

ca. 100 g brauner Zucker oder grober Kristallzucker
Himbeer- oder andere Marmelade zum Zusammensetzen

Zubereitung

- Aus den angegeben Zutaten einen Mürbteig bereiten und etwa 45 Minuten im Kühlschrank rasten lassen.
- Den Teig ca. 2 mm dick ausrollen, Ringe zum Abdecken und runde ganze Böden ausstechen (gleich viele Ringe wie Böden).
- Die Ringe mit Wasser bepinseln, eine Seite in den Zucker drücken und mit der Zuckerseite nach oben auf ein mit Backpapier ausgelegtes Backblech legen.
- Ringe sowie Böden im auf 150–160 °C Umluft vorgeheizten Backofen ca. 10 Minuten backen.
- Nach dem Auskühlen je einen Boden und einen Ring mit Marmelade zusammensetzen.

Doppeldecker

MIT BAISERNESTCHEN

Zutaten für 35–40 Stück

TEIG

220 g glattes Mehl
100 g Butter
55 g Staubzucker
½ P. Vanillezucker
1 Prise Salz
2 Eidotter (Eigelb)

BAISERNESTCHEN

2 Eiklar (Eiweiß)
1 Prise Salz
70 g Kristallzucker
130 g Staubzucker
1 P. Vanillezucker

200 g Marillenmarmelade (Aprikosenkonfitüre)
etwas dunkle Kuvertüre zum Verzieren

Zubereitung

- Mehl durchsieben und mit den restlichen Teigzutaten vermischen, zu einem glatten Teig verkneten, diesen 30 Minuten im Kühlschrank rasten lassen.
- Den Teig ca. 2 mm dick ausrollen und runde Kekse (etwa ca. 3 cm Ø) oder auch andere Formen ausstechen, die Hälfte der ausgestochenen Keksrohlinge im auf 160 °C Umluft vorgeheizten Backofen 5 Minuten vorbacken, aus dem Ofen nehmen und auskühlen lassen.
- Eiklar salzen, zu sehr festem Schnee schlagen, dabei Kristallzucker nach und nach zufügen und mindestens 10 Minuten mitschlagen, anschließend den Staubzucker und den Vanillezucker vorsichtig unterheben.
- Baisermasse in einen Spritzsack mit kleiner Lochtülle füllen, auf die vorgebackenen Kekse gleichmäßige Baiserringe (Nestchen) dressieren.
- Keksrohlinge und vorgebackene Kekse mit Baisernestchen bei 160 °C Umluft 12–13 Minuten backen.
- Jeweils einen bloßen Keks und einen Keks mit Baisernestchen mit Marillenmarmelade zusammensetzen, in die Vertiefung der Nestchen einen Klecks Marmelade geben.
- Die Kuvertüre über einem Wasserbad schmelzen und die Kekse nach Belieben verzieren.

Frischkäse-Kirsch-Kekse

Zutaten für 30–40 Stück

TEIG

100 g Frischkäse
140 g zimmerwarme Butter
250 g glattes Mehl
150 g Walnüsse
100 g Staubzucker
½ TL Zimt
½ TL Vanillezucker
1 Prise Salz

Kirschmarmelade zum Zusammensetzen
Staubzucker zum Wälzen

Zubereitung

- Für den Teig den Frischkäse mit dem Mehl und den übrigen Teigzutaten rasch und glatt verkneten, den Teig in Frischhaltefolie gewickelt 1 Stunde im Kühlschrank rasten lassen.
- Dann den Teig 2 mm dick ausrollen, beliebige Formen ausstechen, jeweils ein großes Loch innen ausstechen und die Keksrohlinge im auf 160 °C Ober-/Unterhitze vorgeheizten Backofen ca. 11 Minuten backen.
- Die Kekse auskühlen lassen, mit Marmelade zusammensetzen, anziehen lassen und erst dann im gesiebten Staubzucker wälzen.

Kürbiskern-Brotlaibchen

Zutaten für ca. 40 Stück

200 g Kochschokolade
20 g Butter
200 g Staubzucker
3 Eier
130 g Haselnüsse (gerieben)
120 g Kürbiskerne (gerieben)
½ TL Zimt

100 g Staubzucker zum Wälzen

Zubereitung

- Schokolade und Butter langsam über einem Wasserbad schmelzen, danach leicht abkühlen lassen. Gesiebten Staubzucker und Eier mit dem Handmixer schaumig rühren.
- Die geschmolzene Schokolade unterrühren, dann die restlichen Zutaten mit einem Kochlöffel unterheben und den Teig etwa 2 Stunden im Kühlschrank rasten lassen, bis er fest wird.
- Mit einem Teelöffel kleine Portionen abstechen und mit ganz leicht befeuchteten Händen Kugeln (ca. 1 cm Ø) formen.
- Den Staubzucker in einen Suppenteller sieben und die Kugeln einzeln darin wälzen.
- Die Kugeln im Abstand von etwa 3 cm auf ein mit Backpapier ausgelegtes Backblech legen und leicht flach drücken.
- Die Brotlaibchen im auf 160 °C Ober- und Unterhitze vorgeheizten Backofen auf mittlerer Schiene etwa 15 Minuten backen, Backpapier vom Blech ziehen und die Kekse vollständig auskühlen lassen.

Schokoladenecken

Zutaten für 70–80 Stück

TEIG
400 g glattes Mehl
250 g kalte Butter
70 g Staubzucker (gesiebt)
1 Prise Salz
70 g Nüsse
ca. 200 g Kochschokolade (gerieben)

FÜLLE
ca. 180 g Erdbeermarmelade
200 g Zartbitter-Schokoladenglasur (siehe S. 109)

Silberperlen zum Verzieren

Zubereitung

- Alle Teigzutaten rasch zu einem Mürbteig verkneten, diesen in Frischhaltefolie wickeln und ca. 90 Minuten im Kühlschrank rasten lassen.
- Den Teig auf einer bemehlten Arbeitsfläche etwa 2 mm dick ausrollen, mit einem quadratischen Ausstecher Vierecke ausstechen (oder mit dem Teigrad ausschneiden) und diese auf mit Backpapier ausgelegte Backbleche setzen.
- Die Kekse im auf 150 °C Umluft vorgeheizten Backofen ca. 10 Minuten backen, aus dem Ofen nehmen und auskühlen lassen.
- Im Anschluss jeweils zwei Vierecke mit Erdbeermarmelade zusammensetzen und einige Stunden anziehen lassen.
- Erst dann in der über einem Wasserbad geschmolzenen Schokoladenglasur schräg tunken und mit Silberperlen verzieren.

Falls gewünscht, können Sie die dunkle Schokoladenglasur noch mit einem aufgespritzten Streifen weißer Schokoladenglasur abgrenzen.

Walnuss-Busserln

Zutaten für ca. 55 Stück

TEIG
125 g weiche Butter
100 g Staubzucker
1 Ei ✦ 1 Prise Salz
abgeriebene Schale von ¼ Bio-Orange
150 g Mehl
½ P. Backpulver
100 g Walnüsse

FÜLLE
120 g weiche Butter
2 EL Puderzucker
70 g Zartbitterschokolade

Schokoladenglasur zum Verzieren

Zubereitung

- Für die Busserln die Butter mit dem Staubzucker, dem Ei, dem Salz und der Orangenschale sehr schaumig rühren.
- Das Mehl mit dem Backpulver und den geriebenen Walnüssen vermischen, in die Butter-Zucker-Masse rühren.
- Den Teig in einen Dressiersack mit glatter Tülle (Nr. 6) füllen, auf ein mit Backpapier ausgelegtes Backblech Häufchen mit ca. 2 cm Ø aufspritzen und diese im auf 150 °C Umluft vorgeheizten Backofen 10–12 Minuten backen, nach dem Backen vom Backpapier lösen und auskühlen lassen.
- Für die Fülle die Butter mit dem Puderzucker und der über einem Wasserbad geschmolzenen Schokolade schaumig aufschlagen.
- Jeweils zwei erkaltete Busserln mit der Creme zusammensetzen.
- Die Schokoladenglasur in einen kleinen Gefrierbeutel füllen, in eine Ecke eine kleine Öffnung schneiden und die Busserln damit verzieren.

Schiffchen
MIT MARMELADENGLASUR

Zutaten für ca. 40 Stück

TEIG

200 g kalte Butter
300 g glattes Mehl
100 g Puderzucker
2 EL Vanillezucker
1 Prise Salz
abgeriebene Schale von ½ Bio-Zitrone
2 Eidotter (Eigelb)

FÜLLE

200 g Ribiselmarmelade (Johannisbeerkonfitüre)

MARMELADENGLASUR

4 EL Marillenmarmelade (Aprikosenkonfitüre)
3 EL Ribiselmarmelade
ca. 20 EL Puderzucker

Zubereitung

- Die Butter in Stücke schneiden und mit den übrigen Teigzutaten vermischen, rasch zu einem geschmeidigen Teig verkneten und diesen in Klarsichtfolie wickeln, im Kühlschrank 30 Minuten rasten lassen.
- Den Teig ca. 3 mm dick auswalken und Schiffchen ausstechen, auf mit Backpapier belegte Backbleche legen und im vorgeheizten Backofen bei 160 °C Umluft ca. 10 Minuten goldgelb backen.
- Kekse aus dem Ofen nehmen und auskühlen lassen, dann jeweils 2 Stück mit Ribiselmarmelade zusammensetzen.
- Für die Glasuren die beiden Marmeladesorten fein passieren, die Marillenmarmelade mit 15, die Ribiselmarmelade mit 5 EL Zucker zu einer sämigen Masse verrühren (falls nötig, tropfenweise lauwarmes Wasser zum Verdünnen zufügen).
- Die zusammengesetzten Kekse schräg in die Marillenglasur tunken, trocknen lassen.
- Die Ribiselglasur in einen kleinen Gefrierbeutel füllen, eine ganz kleine Öffnung in eine der Ecken schneiden und dünne Linien mit der Ribiselglasur aufspritzen.

Wie auf dem Foto zu sehen ist, können Sie vor dem Backen bei der Hälfte der Kekse kleine Sternchen oder andere Figuren ausstechen.

Kakaokrapferln

Zutaten für 45–50 Stück

TEIG

200 g weiche Butter
180 g Staubzucker (gesiebt)
2 Eier
250 g glattes Mehl
30 g ungesüßtes Kakaopulver
1 Prise Salz

150 g beliebige Marmelade zum Zusammensetzen
200 g Vollmilch-Schokoladenglasur (siehe S. 109)

Zubereitung

- Für den Teig die weiche Butter mit dem Staubzucker schaumig rühren, die Eier nach und nach unterrühren.
- Das Mehl mit dem Kakaopulver versieben und in die Masse einrühren.
- Den Teig in einen Spritzsack mit Lochtülle (7 mm) füllen und ca. 1,5–2 cm große Tupfen auf mit Backpapier ausgelegte Backbleche spritzen (Achtung: jeweils einige Zentimeter Abstand lassen, da die Masse etwas auseinanderläuft).
- Die Kekse im auf 150 °C Umluft vorgeheizten Backofen ca. 8 Minuten backen, aus dem Ofen nehmen und auskühlen lassen.
- Danach jeweils zwei Kekse mit Marmelade zusammensetzen, einige Stunden anziehen lassen.
- Die Schokoladenglasur wie auf S. 109 beschrieben zubereiten und die Knöpfe halbseitig in die Schokoladenglasur tunken, die Unterseite abstreifen und auf Backpapier trocknen lassen.

Christrosen

Zutaten für ca. 60 Stück

TEIG
350 g glattes Mehl
250 g Butter
150 g Staubzucker (gesiebt)
1 P. Vanillezucker
1 Ei
100 g Mandeln (gemahlen)
1 Prise Salz

ca. 180 g Himbeermarmelade
ca. 200 g weiße Schokoladenglasur (siehe S. 109)
beliebiges Streudekor zum Verzieren

Zubereitung

- Für den Teig alle Zutaten gut verkneten, den Teig in Frischhaltefolie wickeln und ca. 60 Minuten im Kühlschrank rasten lassen.
- Danach auf einer bemehlten Arbeitsfläche den Teig ca. 2 mm dick ausrollen und mit einem Ausstecher in Blütenform Kekse ausstechen.
- Diese auf mit Backpapier ausgelegte Backbleche legen und im auf 140 °C Umluft vorgeheizten Backofen ca. 10 Minuten backen.
- Die Kekse aus dem Ofen nehmen und auskühlen lassen, dann jeweils zwei Kekse mit Himbeermarmelade zusammensetzen und mindestens 3 Stunden anziehen lassen.
- Die Schokoladenglasur über einem Wasserbad schmelzen und die Oberseite der Kekse darin tunken.
- Nach Belieben verzieren.

Schokoladenkipferln

Zutaten für 70–75 Stück

140 g glattes Mehl
30 g Vanillezucker
100 g Butter
40 g Kochschokolade (gerieben)
90 g Haselnüsse (gerieben)
1 Eidotter (Eigelb)

Schokoladenglasur (siehe S. 109)

Zubereitung

- Das gesiebte Mehl mit der in Stücke geschnittenen Butter kurz abbröseln (händisch oder in der Küchenmaschine).
- Vanillezucker, Nüsse und Schokolade hinzufügen und mit der Hand verkneten, zuletzt den Dotter einarbeiten.
- Sollte der Teig kleben, dann vor dem Weiterverarbeiten für 30 Minuten in den Kühlschrank stellen.
- Aus dem Teig kleine Kipferln formen, auf ein mit Backpapier belegtes Backblech legen und im auf 160 °C Umluft vorgeheizten Backofen ca. 11 Minuten backen.
- Nach dem Auskühlen die Spitzen der Kipferln in Schokoladenglasur tunken.

Gefüllte Lebkuchenwürfel

MIT RUM-ZITRONEN-GLASUR

Zutaten für ca. 60 Würfel

TEIG

400 g Roggenmehl
1 TL Natron
ca. 10 g Lebkuchengewürz
2 kleine Eier ✦ 70 g Butter
240 g Bienenhonig

FÜLLE

100 g Orangeat, Zitronat und kandierte Kirschen (ganz fein gehackt)
2 Eier
100 g Bienenhonig
100 g Walnüsse (gerieben)
50 g Mandeln (gerieben)

1 Ei zum Bestreichen

GLASUR

150 g Staubzucker
1 EL Rum ✦ ½ EL Zitronensaft

Zubereitung

- Roggenmehl und Natron gut vermischen, dann die restlichen Teigzutaten hinzufügen und alles zu einem glatten Teig verkneten.
- Den Lebkuchenteig halbieren, zu Kugeln formen und diese einen Tag kühl rasten lassen.
- Am Zubereitungstag ein Backblech befetten und bemehlen, eine Teighälfte auf einer gut bemehlten Arbeitsfläche in der Größe des Backblechs ausrollen und auf das vorbereitete Backblech legen.
- Alle Füllezutaten gut vermischen und auf dem Teig gleichmäßig verteilen.
- Die zweite Teighälfte ebenfalls in der Größe des Backblechs ausrollen und auf die Fülle legen.
- Die Oberfläche mit verquirltem Ei bestreichen und im auf 180 °C vorgeheizten Backofen ca. 30 Minuten auf mittlerer Schiene goldbraun backen.
- Den Staubzucker mit dem Rum und dem Zitronensaft glatt rühren und auf die noch heiße Oberfläche streichen.
- Danach den Lebkuchen erkalten lassen und erst dann in kleine Würfel schneiden.

Haselnussgebäck

Zutaten für ca. 70 Stück

2 Eier
140 g Staubzucker
1 P. Vanillezucker
180 g glattes Mehl
100 g Haselnüsse (gerieben)
150 g Haselnüsse (ganz)

Zubereitung

- Eier mit Zucker und Vanillezucker mindestens 10 Minuten dickschaumig rühren (Handmixer oder Küchenmaschine). Mehl mit geriebenen und ganzen Haselnüssen vermischen, mit einem Teigspatel unter die Eier-Zucker-Masse heben, anschließend rasch zu einem Teig verkneten, diesen in 4–6 Teile teilen und aus jedem Teil eine Rolle mit etwa 3 cm Ø formen.
- Die Rollen auf ein mit Backpapier belegtes Backblech legen und im auf 175 °C Umluft vorgeheizten Backofen etwa 15 Minuten backen.
- Die Rollen etwas überkühlen lassen und mit einem scharfen Sägemesser in etwa 1 cm dicke Scheiben schneiden.

Grundrezepte

FÜLLEN UND GLASUREN

Jede Kekssorte kann ganz nach persönlichen Vorlieben abgewandelt werden. So können Sie sowohl die Fülle als auch die Glasuren austauschen. Um auf einen Blick Ihre Variationsmöglichkeiten aufzuzeigen, haben wir hier einige Füllen und Glasuren aufgelistet.

Füllen

Nougatcreme
50 g geschmolzene Vollmilchschokolade mit 250 g weichem Nougat und 100 g weicher Butter gut verrühren.

Eierlikörcreme
100 g weiche Butter mit 3 gehäuften EL gesiebtem Staubzucker schaumig rühren, 2 EL Eierlikör nach und nach unterrühren.

Nussfülle
3 EL Milch, 2 EL Rum und 45 g Zucker zum Kochen bringen, 150 g geriebene Nüsse und etwas Zimt unterrühren und auskühlen lassen.

Kakaocreme
100 g weiche Butter schaumig rühren, 100 g Staubzucker und 20 g Kakaopulver dazusieben, 1 EL Instantkaffee mit sehr wenig Wasser glatt verrühren und ebenfalls zur Buttermischung geben, alles glatt verrühren.

Kokoscreme
50 g sehr feine Kokosraspel mit 1 EL Milch, 100 g Staubzucker, 1 TL Vanillezucker und 80 g weicher Butter cremig rühren.

Schokoladencreme: 120 g weiche Butter mit 2 EL Puderzucker und 70 g geschmolzener Zartbitter-Schokolade verrühren.

Glasuren

Grundsätzlich gilt für die unten angeführten Glasuren, dass es sich nur um ungefähre Mengenangaben handelt, die Konsistenz muss beim Verrühren überprüft werden. So sollte bei der Zitronenglasur und anderen aromatisierten Varianten die Glasur den Löffelrücken dünn überziehen, dann hat sie die richtige Konsistenz! Wichtig ist, jede Glasur ausgiebig glatt zu rühren.

Schokoladenglasuren
Davon gibt es unzählige Variationen. Viele verwenden zum Glasieren Kuvertüre oder fertig gekaufte Glasuren, die man nur nach Packungsangaben schmelzen lässt. Für selbst gemachte Schokoladenglasuren kann man je nach persönlichem Geschmack Kochschokolade mit Kokosfett oder Butter erweichen, man kann aber auch weiße, Milch- oder Bitterschokolade schmelzen. Zubereitet werden alle Varianten über einem nicht zu heißen Wasserbad (eigentlich über Wasserdampf! Der Boden des Gefäßes, in dem die Schokolade ist, soll das Wasser nicht berühren). Unter ständigem Rühren lässt man die Schokolade und das Fett langsam schmelzen.
Es darf kein Wassertropfen in die Glasur kommen, sonst wird sie stumpf!

Geheimtipp für eine glänzende Glasur: einen Tropfen kalte Milch unter die geschmolzene Schokolade rühren.

Schokoladenglasur 10:1 (gut zu verarbeiten, gut härtend): 10 Teile (z. B. 200 g) Kochschokolade, 1 Teil (z. B. 20 g) Kokosfett

Knackig feste Schokoladenglasur: 200 g Kochschokolade, 40 g Kokosfett (noch besser: 25 g Kakaobutter)

Weiche Schokoladenglasur: 100 g Kochschokolade, 30 g Butter

Feine Schokoladenglasur: 100 g weiße, Milch- oder Zartbitterschokolade, 20 g Butter

Eiweißglasuren: Auch hier gibt es viele verschiedene Angaben, für alle Varianten gilt: gut verrühren, Konsistenz überprüfen! Für eine simple Eiweißglasur verwendet man in der Regel je nach gewünschter Konsistenz pro Eiklar ca. 200–250 g Puderzucker (dieser ist feiner als Staubzucker und löst sich besser auf, alternativ geht jedoch auch gesiebter Staubzucker) und verrührt beides gut. Will man eine farbige Glasur, so gibt man etwas Lebensmittelfarbe zur Masse.

Eiweißglasur (Variante): 1 Eiklar, 180 g Puderzucker, einige Tropfen Zitronensaft

Zuckerglasuren und aromatisierte/ gefärbte Zuckerglasuren

Zuckerglasuren gibt es in den verschiedensten Geschmacksrichtungen. Sie können sich auch hier an folgende Richtlinie halten: Für dickflüssige Glasuren, die eine sichtbare Schicht bilden sollen, benötigen Sie auf 120 g Staubzucker etwa 1–1 ½ Esslöffel Flüssigkeit, z. B. Wasser, Orangensaft, Zitronensaft, Spirituosen, Wein, Most, Kaffee, Mokka etc. Für dünnflüssige, anschließend kaum sichtbare Glasuren verrühren Sie 2–2 ½ Esslöffel Flüssigkeit mit 120 g Zucker. Auch Gewürze können nach Geschmack und Belieben zu den Glasuren hinzugefügt werden (Zimt, Kardamom, Muskatnuss, Ingwer usw.). Zum Einfärben von Glasuren (oder auch Cremen) kann man Lebensmittelfarbe oder natürliche Farbstoffe wie Matcha-Teepulver, Saft von Roten Rüben, Heidelbeer- oder Himbeersirup oder Kakaopulver verwenden.

Zuckerglasur (zum Spritzen/Verzieren): ca. 6 EL Puderzucker, wenig Wasser, einige Tropfen Milch

Zuckerglasur (dünnflüssig, zum Bestreichen): 100 g Puderzucker, 1–2 EL Wasser, Zitronen- oder Orangensaft

Zitronenglasur: 120 g Staubzucker, 1 EL Zitronensaft, 1 TL warmes Wasser

Zitronenglasur dünnflüssig:
150 g Puderzucker, Saft von ½ Zitrone

Himbeerglasur: 200 g Staubzucker, 2 EL Rum oder Zitronensaft, einige Tropfen Himbeersaft

Glasur mit Alkohol: 150 g Staubzucker, 2 EL Cognac (oder Rum, Whisky, Wein, Most etc.)

Likörglasur: 120 g Staubzucker, 1 ½ EL dickflüssiger Likör (z. B. Eierlikör, Baileys) oder 1 EL dünnflüssiger Likör

Kaffeeglasur: 3 EL Instant-Mokkapulver, 3 EL Rum (oder Wasser), 250 g Puderzucker
Tipp: 1 TL Milch dazugeben, dann wird die Glasur schön glänzend.

Mokkaglasur: 1 EL Instantkaffee mit sehr wenig Wasser verrühren, 200 g Puderzucker mit so viel aufgelöstem Instantkaffee vermischen, bis eine cremige Masse entsteht.

Punschglasur: ca. 200 g Staubzucker, 2 EL Rum, 1 ½ TL flüssiges Kokosfett, je nach gewünschter Farbintensität 2–3 Tropfen rote Gel-Lebensmittelfarbe.

Fehler vermeiden

PROBLEME, URSACHEN & LÖSUNGEN

PROBLEME	URSACHEN	MASSNAHMEN
Bei Hefegebäck		
Hefeteig wird zu fest/ zu weich beim Kneten	Wasseraufnahmefähigkeit des Mehles kann je nach Jahreszeit und Ernte variieren	zu fest: Wasser tropfenweise beim Knete nachgeben; zu weich: vorsichtig noch etwas Mehl unterheben; Notizen machen und beim nächsten Mal die notierte Wassermenge verwenden
Hefeteig geht nicht auf	Teigtemperatur zu kühl, Raumtemperatur zu kühl	Temperatur der dem Teig zugefügten Flüssigkeit genau kontrollieren, Gebäck im Backofen bei 40 °C gehen lassen
Hefeteig zu weich zum Weiterverarbeiten bzw. rinnt beim Backen auseinander	zu wenig Druck bzw. Spannung im Teig	Teig fester führen, mehr Druck beim Aufarbeiten der Teiglinge
Teig lässt sich nicht gut schleifen	zu trockene Teigoberfläche bzw. Hautbildung beim Teig oder zu trockene Arbeitsfläche	Teiglinge bzw. Arbeitsfläche ganz leicht mit Wasser besprühen oder Hände vor dem Schleifen befeuchten
Gebäck wird im Backofen immer kleiner und zieht sich zusammen	Teig zu wenig geknetet	Knetzeit erhöhen und den Teig nach dem Kneten kontrollieren, ob er sich gut ziehen lässt
Hefeteig hat im Backofen keinen Trieb mehr, nimmt nicht an Volumen zu	zu warmer, zu reifer Teig	Teigtemperatur kontrollieren, Gebäck etwas weniger aufgehen lassen
Gebäck bekommt sehr schnell Farbe, angegebene Backzeit kann nicht eingehalten werden	zu heißer Ofen – angezeigte Backtemperatur stimmt offensichtlich nicht	Temperatur sofort reduzieren, vor dem nächsten Backen die Backofentemperatur mit einem Backofenthermometer kontrollieren und berücksichtigen

PROBLEME	URSACHEN	MASSNAHMEN
Bei Stollen und Keksen		
Stollen reißt beim Backen seitlich	zu wenig Gare / zu wenig aufgegangen	Stollen vor dem Backen länger gehen lassen, ggf. im Backofen bei 40 °C
Stollen wird schnell trocken	falsche Lagerung	Stollen in Frischhaltefolie einwickeln und kühl lagern
Zucker hält nicht am Stollen	zu wenig Butter	noch im warmen Zustand mit reichlich flüssiger Butter bestreichen, kräftig in Staubzucker wälzen, zusätzlich evtl. mit Staubzucker bestreuen
Klümpchen im Teig	Zutaten zu grob	Zucker und Mehl sieben Nüsse ganz fein reiben, Kokosraspel – wenn nicht fein genug – mit etwas Kristallzucker im Cutter fein mixen
Mürbteig bricht oder ist bröselig; lässt sich nicht gut verarbeiten	zu wenig Flüssigkeit im Teig	tropfenweise Milch oder Obers hinzugeben, bis sich der Teig gut verarbeiten lässt
	Teig zu kalt	mit den Händen warmkneten oder bei Zimmertemperatur ein wenig liegen lassen
	Teig zu warm	Mehl hinzugeben und Teig (noch einmal) kühl stellen
Mürbteig zu klebrig	Teig zu warm	Teig noch einmal kühl stellen, Nudelwalker mit einer Feinstrumpfhose überziehen
Teigkonsistenz sehr klebrig	abhängig vom Rezept – soll bei manchen Rezepten so sein (z. B. Lebkuchen)	Teig noch einmal kühl stellen, zwischen zwei Blatt Backpapier oder Dauerbackfolie ausrollen
Mürbteig bleibt am Ausstecher hängen	Teig eher auf der weichen Seite	Ausstecher zwischendurch in Mehl tauchen
ausgerollter Teig und ausgestochene Kekse unregelmäßig	zu grobe Zutaten (Kokosraspel oder geriebene Nüsse)	sind diese nicht fein genug, kann dies ebenfalls das Ausstechen erschweren, deshalb fein reiben bzw. cuttern
Spritzgebäck lässt sich nur sehr schwer aufspritzen	Teig zu fest	beim nächsten Mal dem Teig einen Löffel Obers zufügen
Spritzgebäck läuft beim Backen auseinander	Butter wurde zu lange aufgeschlagen, Teig insgesamt zu weich	zimmerwarme Butter verwenden, damit sie sich leichter mit den anderen Zutaten vermischt und der Teig nicht so lange aufgeschlagen werden muss
Kekse rinnen im Backofen auseinander	zu viel Backpulver verwendet	nicht mehr Backpulver als im Rezept angegeben zum Teig geben, Kekse nicht zu eng auf das Backblech legen

PROBLEME	URSACHEN	MASSNAHMEN
Kekse werden zu trocken	Teig auf zu viel Mehl ausgrollt	Arbeitsfläche nur leicht bemehlen
	Kekse zu lange gebacken, Backblech war heiß	Kekse immer auf ein kaltes Backblech geben, nach dem Backen sofort mit dem Backpapier vom heißen Blech ziehen, Backzeit verringern
Kekse zu lange gebacken	Zeit übersehen	Ofen nicht aus den Augen lassen, auch wenn nebenher bereits glasiert/verziert wird; die Oberfläche der Kekse sollte beim Herausnehmen noch weich sein
Kekse ungleich gebacken	Backofen bäckt ungleich, war noch nicht fertig aufgeheizt	eventuell Backblech einmal umdrehen
Kekse verrutschen beim Glasieren	Kekse hatten nicht genug Zeit zum Anziehen nach dem Zusammensetzen	nach dem Zusammensetzen die Kekse lange genug rasten lassen, damit sie sich festigen und beim Tunken nicht verrutschen
Schokoladenglasur glänzt nicht	Glasur wurde zu stark erhitzt	beim Zubereiten der Glasur auf die Temperatur achten
Kekse verformen sich in der Dose	Kekse waren noch zu warm/frisch beim Einsortieren in die Dose	Kekse immer auskühlen bzw. anziehen und Glasur fest werden lassen

DANKSAGUNG

Wie immer möchte ich mich von Herzen bei meiner Frau Michaela bedanken, sie unterstützt mich nicht nur in der Backschule, sondern managt auch meine Kurse und Auftritte. Auch beim Korrekturlesen meiner Bücher beteiligt sie sich jedes Mal aktiv.

Herzlicher Dank gebührt Heidi Stanglauer und Joana Gimbutyte für das Nachbacken der vielen Keksrezepte – sie haben kleine Kunstwerke geschaffen!

Ein Dankeschön an meinen Freund und Fotografen Kurt Elmleitner, der all die weihnachtlichen Köstlichkeiten fotografiert hat. Entstanden sind wundervolle Fotos, die einem das Wasser im Mund zusammenlaufen lassen.

Für die tatkräftige Unterstützung des Verlages bedanke ich mich v. a. bei meiner Lektorin Irmtraud Weishaupt-Orthofer.

Und schließlich möchte ich meiner Familie und meinen Freuden danken, mit denen ich viele schöne Erinnerungen an die Advent- und Weihnachtszeit teile und mit denen ich mich alle Jahre wieder auf die wundervolle Advent- und Weihnachtszeit freue!